正说大汉 **廿二帝**

刘亚玲◎编著

当代世界出版社
THE CONTEMPORARY WORLD PRESS

图书在版编目（CIP）数据

正说大汉廿二帝 / 刘亚玲编著 . —— 北京：当代世界出版社，2017.9
ISBN 978-7-5090-1260-4

Ⅰ . ①正… Ⅱ . ①刘… Ⅲ . ①皇帝—人物研究—中国—汉代 Ⅳ . ① K827=34

中国版本图书馆 CIP 数据核字（2017）第 215451 号

正说大汉廿二帝

作　　者：刘亚玲
出版发行：当代世界出版社
地　　址：北京市复兴路 4 号（100860）
网　　址：http://www.worldpress.org.cn
编务电话：（010）83908456
发行电话：（010）83908410（传真）
　　　　　（010）83908408
　　　　　（010）83908409
　　　　　（010）83908423（邮购）
经　　销：新华书店
印　　刷：北京时捷印刷有限公司
开　　本：710mm×1000mm　1/16
印　　张：17.5
字　　数：250 千字
版　　次：2017 年 9 月第 1 版
印　　次：2017 年 9 月第 1 次
书　　号：ISBN 978-7-5090-1260-4
定　　价：39.80 元

前　言
PREFACE

　　刘邦建立的汉朝是中国历史上第一个由农民起义推翻前朝统治后建立的封建王朝，也是中国历史上继秦朝之后的第二个大一统的封建王朝。刘氏王朝创造了辉煌的文明，是中华民族的奠基期，和同时期的罗马帝国与印度的孔雀王朝并驾齐驱，堪称世界古典文明时期的"三驾马车"。

　　两千年前的汉朝，是一个踔厉风发、慷慨激昂的时代，是一个勇于创新、敢于探索的时代。汉朝继承了秦朝的中央集权制，但由于秦朝的历史太短，并没有给汉朝留下多少经验可资借鉴，刘氏家族的许多统治方法都有待于不断丰富和探索，因此，它比第一个开创这种制度的秦朝贡献更加卓著。虽然秦朝是中国皇权专制社会的开始，但实际上，一系列相关制度的建立和完善都是在汉朝完成的。尽管其中也有曲折，然而四百多年的统治历史，给后来的王朝留下了丰富的政治遗产。刘家的皇帝们以创制定例的开拓精神，辉煌的武功、昌盛的文化与科技，为中华民族的历史写下了重重的一笔。有汉一代，以华夏族为主的中原部族集团在典章制度、语言文字、文化教育、风俗习惯等方面都逐渐趋于统一，构成了共同的汉文化，形成了延续至今的中华民族的主体民族——汉族。自此，"汉"与"华夏"共同成为中华民族的代称，中华民族创立的文字系统也因之被称为"汉字"。作为一个全然由华夏文明自身孕育出来的伟大王朝，大汉帝国在最深的层面影响了此后中国两千年的全部历史。"明犯强汉者，虽远必诛"，至今读起来，仍让人血脉贲张。

汉朝历史共计四百多年，分为以刘邦家族为皇帝的西汉王朝和其后裔刘秀家族继任汉家天下的东汉王朝。作为皇权的拥有者，刘氏家族不同于普通的家族，有着道不尽的酸甜苦辣与无奈纷争。在这四百多年的历史进程中，先后有二十多位刘姓皇帝登上了历史的舞台，然而外戚争权也始终伴随左右：诸吕之乱、霍光揽权、王莽代汉、窦氏欺主、梁冀跋扈……在刘氏家族与外戚家族的争斗中，另一势力——宦官逐渐登上舞台。在权力争夺与斗争的过程中，一个辉煌的时代最终走向了没落。两汉四百多年，是中华民族历史上最激动人心，也最令人迷惑和惋惜的时期之一。

《正说大汉廿二帝》一书，以刘家二十多位皇帝为中心，为读者解读了大汉帝国天子的家族兴衰演变与坎坷历程。

目 录
CONTENTS

第一章 开国之君 高祖刘邦

汉高祖刘邦，西汉王朝的创立者。字季，沛县（今江苏丰县）人。刘季，一个农民的儿子，55岁登上了皇帝宝座，成为中国历史上继秦始皇之后又一个一统天下的皇帝。他开创了大汉帝国，通过自己的聪明计略、大智大勇、浴血奋战、坚持不懈，使一个农民登上封建社会最高统治地位的神话得以实现，亦使一个普通的姓氏——刘氏，成为皇姓——当时普天下至尊之姓。与秦始皇和他的儿子不同的是，刘氏子孙继其父业，发愤图强，使大汉帝国登上了中国封建历史的第一个峰巅，并使其威名远播海外。

1. 英雄出处：低位出身，娶得千金小姐

对于一个出身低微而又似乎懒馋的人，能成为一代君主已是一大传奇，且又能娶得美若天仙的千金，更是奇上加奇，刘邦就是这样一个具有传奇色彩的帝王之一。

刘邦是中国历史上最富传奇色彩的帝王之一。他出身低微、起于毫末、大字不识多少，却能够在强手如云的乱世洪流中，压倒群雄，登极称帝，打下汉家四百年天下。

刘邦生于公元前256年，为秦时泗水郡沛县丰邑中阳里（今江苏丰县）人。因世代务农，出身低微，刘家人连个正儿八经、像模像样的名字都没有。古时候对上了年纪的男子、妇人分别尊称为公与媪，兄弟排行的次序以孟、仲、季相列，于是，刘邦的父亲就叫刘太公，母亲叫刘媪，刘邦的大哥早死，二哥叫刘仲，他是老三，便叫刘季。

也许是受不了务农的重担与折磨，也许是认为这种"脸朝黄土背朝天"的生活方式没有出息，反正刘季从小就"不事家人生产作业"（《史记·高祖本纪》）。他不种田，又没有别的事情可干，就整日游手好闲、东逛西蹿。刘公刘媪自然是气得不行，对他又打又骂，办法使尽，可就是无法将他束缚在几亩田土之上。日子一长，父母管不了那么多，也就只好听之任之了。

在刘邦内心深处，他的确是瞧不起种田这一单调乏味、沉重苦闷的农活。父母干了一辈子，又能咋样？累得腰弓背驼、骨瘦如柴，却还常常是

衣不蔽体食不果腹。如果以农为业，那么自己这辈子的出路与下场肯定比父母强不了多少。

在秦朝之前，中国还没有出现文官考试制度，那时如果想做官，只得有赖于乡里长老的推荐或凭借家族的显赫地位，所以一直以来家族地位和乡邻关系对一个年轻人的仕途起着非常重要的作用。像刘邦这样农民出身的人，想要靠这些条件来出人头地是绝对没有希望的。他要想改变这种局面，就只有靠自己了。

对刘邦来讲，最能够帮他建立并提高知名度的，首先是他的长相。司马迁在《史记·高祖本纪》中写道："高祖为人，隆准而龙颜，美须髯，左股有七十二黑子。"相貌出众本身就是人的一种资本，再加上在他的左腿上生有72粒黑痣，这些黑痣在当时的民间智者与方士巫师眼中，可谓有神灵保佑或神灵附体等。在这些神乎其神的传闻中，加以自身性情的豁达大度，刘邦被大家宠爱着。也许，正是这些天生的优势从小就助长了刘邦那与众不同的朦胧激情。

刘邦34岁那年，秦灭楚国。两年后，秦统一六国，设郡县于天下。按照秦帝国的政治制度，在地方上，郡下设县，县下设乡，乡下每十里设亭。这个时候，中阳里几个德高望重的老者也改变了对刘邦的看法。由他们牵头，凑集了一笔银子，替刘邦在沛县东部的泗水亭谋了个亭长的职务。

亭长的职责是接待来往的官吏，平时负责练兵，为政府输送财物、传递文书等，实际上是秦帝国基层政权组织中微不足道的小吏。然而就是这样一件小职务的谋得，不仅让刘邦有了一份稳定的收入，从而免去了父亲整日对他的唠叨不休，同时也让他有机会与县府里的下级官吏有所来往，使他见识了不少世面，结交了不少新朋友，获得了社会的认可，是他人生的第一次转折，也为他日后的腾达奠定了基础。

刘邦心里潜藏的虚荣心得到了满足，但是他并没有就此止步。他虽然没有什么远大的目标与不达目的誓不罢休的追求，却总觉得自己的未来并不就是这么一个小小的亭长而已，他总想结识一些大人物。恰巧这时，他听说单父县的豪杰吕公来到了沛县。

吕氏一家颇有资财,是单父县的名门望族。吕公共有五个孩子,除女儿吕雉之外,还有两个儿子,一个叫吕泽,另一个叫吕释之;两个女儿为吕长姁和吕媭。吕公生性豪爽,喜欢结交朋友,为人处事很讲江湖义气,对于往来的各路朋友无不有求必应。吕公在结交了很多朋友的同时,也结下了一些恩怨,于是,吕公为了躲避仇人,决定去投奔正在沛县做县令的好友。吕公迁来沛县之时,搬家用了大车几十辆、牛马数十匹,沛县县令也亲自出城迎接,这件事立即在沛县引起了很大的轰动。

沛县中有头有脸的人物听说县令来了贵客,纷纷前来祝贺。那天,吕公和县令坐在内厅,人们便往内厅涌,一时人满为患,秩序有些乱。县令向属下萧何示意,萧何便提高了嗓门说:"各位请注意:贺礼不满一千钱的,不要到内厅的正座上来,就请在堂下就座。"

刘邦也是贺客人之一,他见是熟人萧何主持收纳财礼,心中不觉大喜。灵机一动,便说:"我贺钱一万。"负责招待客人的人大吃一惊,但立即高声向门内喊道:"泗水亭长刘季贺万钱!"

随着,接待人员便导引刘邦入门到堂上入座。这时,坐于堂上主宾席的吕公,闻听有贺万钱的贵宾到来,大吃一惊,便急忙起身到门口迎接刘邦到堂上就座。

刘邦在门客的引导下,大摇大摆地步入堂上。酒宴进行期间,刘邦神态自若,谈笑风生,与吕公谈得很是投机。

酒席临近尾声,客人们开始陆续离座告辞,吕公一一答谢。当刘邦也要离座时,吕公向刘邦使了一个眼色,刘邦心领神会,知道吕公是要他暂且留住。于是刘邦等待客人离去,自己安然留在后面。

吕公送走全部客人后,转身面对刘邦,请他坐下。吕公入座后,郑重地对刘邦说:"您相貌非凡,我家中有个亲生的女儿,我愿意把她嫁给你为妻。"

此时刘邦已年近四十仍未娶妻。他见吕公是一位不平凡的长者,又是县令的故友,心里有意答应这门亲事,就一口应承下来。

　　吕雉已经28岁了，在当时，这么大的姑娘还没有出嫁的已经很少了。但凭借优厚的家世和出色的容貌，吕雉当然不愁嫁，为她提亲的人也的确很多，只是吕公挑选女婿的标准极高，凡看不上眼的就想法找一借口婉言谢绝。

　　刘邦的不凡气度和洒脱的言谈举止赢得了吕公的赏识，阅历颇丰的吕公断定刘邦将来必成大事，便慨然将自己的爱女吕雉许配给了当时尚属混混级别的刘邦。这不能不让人感叹吕公的精明和其过人的远见。后来的事实也证明，吕公的选择是正确的。

2. 豪杰本色：顺应天意，沛县起义

"豪杰"对于任何一个英雄来说，都是其本色，不在于地位的高低，陈胜、吴广都出自贫苦农民家庭，却发动了名垂史册的中国历史上第一次农民起义。

秦始皇去世之前，已是民怨沸腾，反者四起。公元前209年7月，陈胜、吴广在大泽乡（今安徽宿州）发动起义，拉开了秦末农民战争的序幕。陈胜，字涉，阳城（今河南商水西南）人，出生于一个地位极为低下的贫苦农民家庭。吴广，字叔，阳夏（今河南太康）人，也是一名贫苦农民。

陈胜、吴广都在被征发之列，他们走到蕲县（今安徽宿州）大泽乡时，遇到滂沱大雨，延误了到达渔阳的期限。按照秦代法律的规定，误期就要处斩。死亡威胁着每一个人，暴虐的统治，激起了九百名贫苦农民莫大的义愤。陈涉大喊："王侯将相，宁有种乎！"率领民众揭竿而起。陈胜在攻下陈（今河南淮阳）后称"王"，建立了"张楚"政权。

随后农民起义风起云涌，各地纷纷惩治县令。在这种情况下，沛县县令想主动投降起义军来保全自己的性命。县令便找到沛县主吏萧何、狱掾曹参来商议。萧何建议说："你现在是秦朝的官吏，领着沛中子弟起兵，恐怕不大合适吧。最好还是把那些逃亡在外的人召回来，至少能有几百人，这样大家就不会不听话了。"

萧何、曹参都是沛丰人，和刘邦是老乡，因此互相认识得也比较早。

当刘邦还是一个市井之徒时，萧何已在沛县做吏掾，曹参则为狱掾。刘邦做了亭长之后，有不明白的就去问他们。

县令点头表示同意，便让樊哙去找刘邦。樊哙出身寒微，早年曾以屠狗卖肉为业。他和刘邦是同乡，两人又是连襟关系，交往甚密。这时，聚集在刘邦手下的人已经有好几百人了。樊哙见刘邦后，把详情告诉了刘邦。刘邦二话没说便启程和他一起回到沛城。谁知刘邦还没到沛城，县令就开始反悔了，打算先杀掉萧何、曹参。萧何、曹参闻讯后，急忙越城逃到刘邦处。等刘邦的队伍赶到沛县城下时，城门早已紧闭。刘邦写了一封信射到城里，号召沛城父老杀掉县令，响应各路义军。城中人民对县令的出尔反尔非常憎恨，再加上他平日欺压百姓，于是便决定与朝廷对抗，投靠刘邦。他们合力杀了县令，开门迎接刘邦入城，并推举他为县令。刘邦一再推托，众人不好强求，于是立他为沛公。也就是说，刘邦还是沛县的起义首领，只不过是换了个称呼而已。刘邦在沛县衙门中，设坛祭祀，并宣称自己是赤帝之子而树起红色大旗，正式宣布起兵反秦。接着，萧何、曹参和樊哙等人分头去招兵买马，沛中子弟踊跃参加，队伍很快发展到了两三千人。沛公率领这支起义队伍，从此汇入了秦末农民大起义的洪流。

沛县父老推戴刘邦为沛公，他虽然表面上不愿意，内心却非常高兴。刘邦心里很清楚，谁也不敢作首领，因此，他表面上推让是为表明自己带头起义不是为了封侯称王，不是出于私心，而是在父老子弟们的再三推举之下，不得已而为之，目的是救民于水火；同时也是为着起义后能有效地管束部下——既然是众人推举，众人就应服从他的管束和指挥。这点足见刘邦的大智慧。刘邦与其他首领的不同之处就在于，他不是为着自己封侯封王，而是想最终夺取皇帝宝座，改变家族的命运与利益，建立刘氏的天下。从此刘邦开始了他人生征途中的第一步。

3. 刘邦获胜：楚汉相争，逐鹿中原

　　并不是所有的伟大领袖都出身高贵或骁勇善战，刘邦以一个小
人物的身份赢得了相持四年之久的楚汉战争，并最终实现了统一天
下的皇帝梦。

　　秦亡后，谁能成为那个时代的伟大人物？最有资格的有两个人：一个
是刘邦，一个是项羽，他们都是从农民起义领袖转化而成的拥兵自重的诸
侯王。刘邦、项羽两个诸侯王集团围绕争夺政权的问题，展开了一场长达
四年之久的楚汉战争。

　　楚汉战争的大体经过如下：刘邦先入关中，欲称王，受到项羽的百
般阻挠，发生了鸿门宴事件；鸿门宴上死里逃生的刘邦接受项羽的安排作
了汉王。经过一番准备后，刘邦出兵攻楚，双方持续了四年之久的艰苦战
斗，刘邦终于在垓下之战一举消灭了项羽的势力，赢得最后的胜利。

　　刘邦是个农民，而其对手项羽则是没落的贵族。项羽的出身是相当高
贵的，他的祖父叫做项燕，是楚国的名将。但到了项羽父亲这一代，家族
开始破落。所以项羽早年追随他的叔叔项梁逃难到了吴中，就是现在江苏
省苏州市的吴中区。不过项羽虽然是一个破落贵族，身上却依然有着贵族
的高傲气质。项羽的军事力量也很强，可谓战必胜、攻必克，所以灭秦之
后自称为西楚霸王，一时雄冠天下。

　　秦二世三年十月，刘邦攻进了关中，接着项羽也进入了咸阳，他们获
得了推翻秦王朝的胜利。在这个胜利面前，刘邦和项羽的表现完全不同。

刘邦"约法三章"深得民心。他原来在沛县的时候，是喜欢钱财、酒肉和女人的人，这样一个人来到秦朝皇宫，看见数不尽的金银财宝、美女珍馐，居然不动声色，秋毫无犯，有这么大的克制力，可见他志向远大。

项羽的做法却是"杀子婴，烧宫室，屠咸阳"。项羽很不得民心的一点，就是他每攻下一座城池，就大肆屠城。项羽一门心思想衣锦还乡，于是就把从秦皇宫里面搜刮来的那些金银财宝和大批的美女装上车子，浩浩荡荡地开回了彭城，也就是现在的徐州。劝说他的人摇头叹息，说了句"沐猴而冠"。项羽听到这话以后，就把这个人扔进滚油锅里去了。游说项羽的人虽然被项羽杀了，但是项羽夺取天下，称王称帝的机会也被自己扔油锅里去了。

可见，刘邦比项羽看得更远。

楚汉战争中有这么一件事情，在两军处于对峙状态的时候，项羽久攻刘邦不下，于是项羽就在军前架起了一口大锅，把刘邦的父亲五花大绑地推到了阵前，然后说："刘邦，如果你再不投降，我就把你父亲下油锅了。"不料刘邦笑着说："呵呵，项老弟，别忘了，我们两个在怀王手下的时候有个什么约定呢？约为兄弟，咱俩既然是兄弟，我父亲就是你父亲，你要是打算把咱们的父亲煮了，别忘了给哥哥留碗肉汤喝。"项羽没办法，下不了手，只得留了刘太公一命。

实际上项羽这个时候已经犯了一个错误，因为你跟人家打仗打不过，就要把人家的父亲放到锅里去煮，这是一种无赖之举，而项羽是一个贵族，贵族是不擅长使用无赖手段的。这样一来项羽是一肚子窝囊气，刘邦却是一脸的不在乎。

可见，在挫折面前，刘邦表现得比较冷静，而项羽则显得狂暴浮躁。刘邦为了维护刘家的利益，表面上是舍弃父亲，实质上却采用迂回政策，以此来和项羽斗智斗勇。

在楚汉战争的最后阶段，项羽在彭城大败刘邦。这无疑给刘邦造成了重大损失，但刘邦没有泄气，他意识到，自己虽然受挫，但将领损失不是很多；萧何据守的关中、巴蜀，仍然是他稳定的大后方。另外，刘邦多年来奉行不扰民、行仁义的政策，支持者颇多。所以，刘邦仍然有力量与项羽一争天下。

双方就这样对峙了10个多月。刘邦兵盛食多，项羽兵疲食绝，最后在辩士侯公的说和下，刘邦和项羽约定：双方以鸿沟（今河南荣阳、中牟、开封一带）为界，"中分天下"，西边属汉，东边归楚。项羽送还了刘邦的父亲和妻子。

鸿沟之约后，刘邦采纳张良、陈平的进谏，借机尾随项羽而来。汉王五年（前202年）十月，刘邦在阳夏（今属河南太康）之南追上项羽。他与韩信、彭越约期会师，共击项羽。到了固陵（今河南太康西），韩、彭两军未至，项羽向刘邦发起攻击，汉军大败。刘邦只好又坚壁固守。他向张良寻求计策，张良说若能以齐地实封韩信，以梁地实封彭越，他们肯定会全力帮助击败项羽。于是刘邦派人通告韩信和彭越，只要他们并力击楚，打败项羽后，就封他们为齐王和梁王。韩、彭立即回报："我们马上进兵。"这时，楚大司马周殷也被刘邦劝降，淮南王英布也带兵前来会战，汉军在兵力上占据了绝对优势。到十二月，双方在垓下会战，汉军近30万人团团围住了项羽。

项羽当时兵少粮尽。一天夜里，他突然听到汉军在他的驻地四面唱起了楚歌，以为汉军已全部占领楚地。于是，项羽泪流数行，跨上骏马，率骑兵800人，连夜突围而出。天亮以后，汉军才发觉项羽已经突围。刘邦令骑将灌婴率骑兵5000人追击。项羽渡过淮河，只剩下100多随从。到阴陵（今安徽定远西北），项羽迷路，引兵向东，至东城（今安徽定远东南）被灌婴追上。这时项羽身边只有28骑，他奋力与汉军激战三次，杀死汉军几百人，最后拔剑自刎。

垓下之战是楚汉战争结束的标志。这场战争以项羽失败自杀、刘邦获胜而告终。此后，刘邦正式建立了西汉王朝，统一了全国，秦末分裂割据、诸侯混战的局面至此基本结束。刘邦的皇帝梦终于实现了，而且也壮大了刘氏集团，使刘氏家族一举登上了权力的巅峰！

4. 磐宗固本：铲除异姓诸侯王，分封同姓诸侯王

刘邦平定天下以后，逐渐铲除异姓诸侯王。同时他"惩戒亡秦孤立之败"，又大封同姓子弟为王，用以屏藩朝廷。然而，有违刘邦初衷的是，有些同姓王一旦强大，就同异姓王一样，都想推翻朝廷，自己当皇帝掌握最高权力。

刘邦作为汉朝开国皇帝，庙号"太祖"，谥号"高皇帝"。史称汉高祖。刘邦从一个流氓无赖起家，斩白蛇起义，挺进关中，最后与项羽历时四年争夺皇权；经过十几年的拼搏厮杀，终于开创了西汉王朝，当上了汉朝的开国皇帝，可以说是历尽千辛万苦才创下了刘家天下。在刘邦进入晚年的时候，社会已经比较稳定，经济也有了相当的恢复，并呈现出良好的发展势头。但刘邦心里并不踏实，他日夜放心不下的首先是各地的异姓王，这些异姓王手里都有兵将，有的与刘邦不是一条心。其次就是一些将领，他们为功劳大小和赏赐的多少而争斗不休，如果安抚不当，就会投奔那些异姓王作乱。还有原先六国的后代也不能掉以轻心。而在中央，丞相的权力对他这个皇帝也构成了威胁。正是因为刘邦感到政权依然存在威胁，所以他要着手杀掉一些对自家江山不利的人物。

刘邦首先向兵力最多、功劳最大的楚王韩信开刀。韩信原是项羽属下，但不受项羽重用，在汉弱楚强的形势下，韩信看出刘邦可成大事，就投奔刘邦，被求贤若渴的刘邦拜为上将。拜将之后，韩信率领大军夺取自古兵家必争之地井陉（今河北石家庄西北），俘虏赵王，攻占了赵国；

还平定安抚齐国，向南击溃楚国军队20多万，最后更是彻底消灭了项羽集团。连刘邦都夸韩信"统百万之军，战必胜，攻必取"。在楚汉之争中，韩信为刘邦打败项羽立下了汗马功劳。可是天下安定了，这个手握重兵的悍将韩信，却让刘邦如同芒刺在背，寝食难安。所以刘邦决定剪除异己，首先拿韩信下手。

机会终于来了。公元前201年12月，有人揭发韩信谋反。刘邦采用陈平之计，假称要到云梦巡狩，通知各位诸侯到陈县聚齐。韩信为了证明自己并无反叛之意，就带着项羽亡将钟离昧的头颅去见刘邦。可是刘邦仍命令武士将他逮捕，韩信感叹说："真如常言说的'狡兔死，走狗烹；飞鸟尽，良弓藏；敌国破，谋臣亡'。现在天下太平，我是到了该死的时候了！"可能这话道出了刘邦的心机，刘邦没有立即诛杀韩信，只是说："有人揭发你谋反。"

刘邦将韩信逮捕，带回洛阳。对于韩信的所谓"谋反"罪行也不加深究，便释放了韩信，只是将他降爵淮阴侯。从此，韩信知道刘邦妒嫉自己的才能，便经常称病不去上朝。

公元前196年，韩信被人告发与陈豨通谋欲反。吕后采用萧何的主意，将韩信诱骗入宫抓捕，最后在长乐宫的钟室杀掉了韩信。随后，韩信的三族都被诛杀。

在楚汉战争中，功劳最大的除了韩信，便数梁王彭越了。彭越原是一个打家劫舍的强盗，在秦末农民起义浪潮的推动下，他也带领一帮人马，举起了反对秦王朝的义旗。后来，他在刘邦的劝说下归顺了刘邦，被刘邦封为梁王。刘邦在发兵征讨陈豨时，也曾调他领兵参战，但他装病不去。刘邦平叛归来派人责问，他的部将有人劝他谋反，彭越犹豫不决。不料此事被人告发，于是刘邦便将彭越逮捕。后来在吕后的建议下，刘邦同意立即处斩彭越，并将他的肉剁成酱，煮熟以后，分赠给诸侯，以昭惩诫。

英布又称黥布，也是强盗出身，原是项羽手下一员冲锋陷阵的猛将，由于屡建战功，被项羽封为九江王。在楚、汉战争中英布跟项羽发生了矛盾，后被刘邦争取过来，参加了著名的垓下之战。英布鉴于韩信和彭越惨死的教训，不肯束手待毙。于是，他让部下秘密集中兵马，伺机反抗。英布的动向被人告发，刘邦派人调查，也抓到了一些证据，他这才公开扯旗造反，后来被刘邦镇压。

刘邦感到相权太重，已对皇权构成威胁。公元前195年，刘邦的少年朋友当朝相国萧何代表老百姓对他建议说："长安地方狭小，而上林苑中空地很多，已经废弃。希望陛下能下令允许百姓进去耕作，不要把它变成了养兽的场所。"刘邦认为对萧何下手的机会来了，于是，他闻言大怒，说萧何是受了商贾的贿赂，才来为他们请求开放上林苑的，便不顾多年交情，下令把萧何逮捕，关进监狱。过了几天有人问相国犯了什么大罪，刘邦解释说："我听说李斯做秦始皇的相国，有功都归于秦始皇，有坏事都算在自己头上。而现在相国不仅接受商贾的许多贿赂，还请求开放我的上林苑，讨好百姓，所以我把他关进监狱治罪。"通过整治萧何，刘邦打击了相权，进一步提高了皇帝的权威。

就这样，在短短的七年之内，除了地处偏远南方而势力弱小的长沙王吴芮以外，几乎所有能对刘氏王权构成威胁的开国功臣都被刘邦以各种名义铲除掉。刘邦终于用他锋利的屠刀解决了功臣的问题，可以安心地传位给子孙后世了。在诛杀开国功臣的过程中，吕后也表现出不平凡的政治才干，她为人刚毅果敢，处事多谋善断，审时度势，果断泼辣。可是，她心狠手辣，不仅令满朝文武敬畏，甚至连刘邦也为之悚然。还应该强调的是，此时，吕后的势力已渗入朝廷，并成为以后夺取刘氏天下的一股潜在力量。

刘邦铲除诸侯王之后，首先想到的就是不能重蹈秦朝灭亡的覆辙。刘邦认为，秦朝灭亡的一个重要原因，在于没有分封诸王，当天下出现事变的时候，秦朝政权孤立无助，内有奸臣当道，外无诸侯援助，很快就被推翻了。因此，刘邦决定分封刘姓诸王，于是将长子刘肥封为齐王。刘肥即齐悼惠王，汉代齐国的第一代国君。

刘肥是刘邦和曹氏通奸后所生的，是刘邦众多儿子中年龄最大的一个。为了照顾刘肥，刘邦还把曹参派到齐国做国相，协助治理齐国。

位于东方的齐地土地肥沃，人口众多，是各诸侯国中势力最强大的，必须找一位能够震慑住东方各王的管理者，在中央政府难以及时管治的地方，有效地维持起秩序来。这样，中央有事的时候，齐国势力强大，离国都较远，也能够有效地保持实力，进可拱卫中央，退可保持刘氏王脉。刘邦的心思可谓用心良苦，后来的事实证明，这样做收到了很好的效果。

汉高帝六年所分封的同姓诸侯王有：

荆王刘贾。刘贾出于刘氏宗族，但不知属于宗族中的哪一支。他跟随刘邦南征北战，屡立战功，刘邦以淮东原东阳郡、鄣郡、吴郡近50个县封刘贾为荆王。都于吴。

楚王刘交。刘交是刘邦的同母幼弟，刘邦以薛郡、东海、彭城的36县封刘交为楚王，都于彭城。

代王刘仲。刘仲是刘邦的二哥，刘邦以云中郡、雁门郡、代郡的53县封刘仲为代王。

吴王刘濞。刘濞是刘仲的儿子。汉高帝十一年，英布叛乱，荆王刘贾被英布军所杀。高帝十二年，立刘濞为吴王，称王于荆王刘贾的故地。

刘邦分封诸侯的结果，是全国近2/3的土地为诸侯王国所有，归中央政府直辖的只有包括京师在内的15个郡而已。而这15郡中，还包含有列侯、公主的食邑在内。于是，这些诸侯王国，逐渐发展成为同国家政权相对抗的势力。为此，汉高帝的后继者文帝、景帝、武帝，不得不采取"众建诸侯而少其力"、"削藩"、"推恩"等政策来削弱诸侯王国的势力。汉景帝时期还爆发了吴楚七国之乱，使西汉王朝为削弱诸侯国势力而在长时期内付出了沉重的代价。这一切，都是刘邦实行分封诸侯王国所留下的祸患，这是刘邦做梦也没有想到的。不过，刘邦及其继任者们大封刘氏同姓的做法，使得原本是丰沛乡村的一支普通刘氏家族的汉朝皇族，从此遍布全国各地。"遍地刘"的格局，大概在这个时期就已经基本形成了。

5.巩固政权：推行无为，颁布律令

有鉴于秦始皇的"赋敛无度"、"戍徭无已"的教训，刘邦实行了与民休息、"无为而治"的政策，谴责秦朝"诽谤者族、耦语者弃市"的苛法，从而巩固了政权。

公元前202年2月，刘邦正式在汜水（今山东曹县附近）即位称皇帝，定国号为"汉"，史称"西汉"或"前汉"，宣布定都洛阳。都城的选址与建设，对于巩固政权，控制全国局面而言意义重大。所以，定都选址便是刘邦为巩固政权所采取的头项政策。

洛阳是一个千古名城，最早的历史可以追溯到西周初年。当时，周公旦为了震慑关东诸侯而督建洛阳城，历时数年而成。初期洛阳的规模较小，由王城和成周两部分组成，周公旦把它作为西周的陪都来使用。周敬王时期发生朝臣叛乱，敬王为了避祸难而从王城迁居到成周，并且对洛阳城进行了大规模的扩建和整修，洛阳的规模初步形成。从公元前770年到公元前520年，东周诸王一直居住在洛阳，这样，洛阳作为全国中心的地位自东周起就确立了下来。另外，刘邦的文臣武将们大多数是关东之人，他们都希望离自己的家乡近一些，不愿意去关中，因此都支持刘邦定都在洛阳。鉴于以上几点考虑，刘邦便初步把洛阳作为西汉的都城。但是娄敬和张良则反对定都洛阳，希望定都长安。

娄敬是齐人，当时正赴陇西戍守，经过洛阳，听说刘邦想定都洛阳，便专门去洛阳参拜刘邦，说是有要事求见。娄敬直言不讳地对刘邦说："您定都洛阳是考虑洛阳是周朝古都吧，但如今您不能那么想。周朝到成康年间，已经有了近千余年的发展历史，根基深厚，国富民强，周朝以洛阳为中心，当然可以号令诸侯，共享天下中心的威风；而汉朝则不同，汉朝刚刚建立，经过了多年的战争，根基不厚，国力不稳，因此必须考虑都城的地理位置，做到进可攻，退可守。无险可守，若国君有德行则可以称王，没有德行就容易亡国。据小人分析，关中地区地理环境相对有利，四面环山，据险可守；关中地区土地肥沃，物产丰富，当年秦国就是凭借这里而统一天下的；皇上原先和关中的父老'约法三章'，又曾作过汉中王，在这些地方很有威望，汉室初立天下，正好可以用以巩固国家。"

高祖还是举棋不定，又问策于张良。张良，字子房，战国时韩国（今河南中部）人，是刘邦的军师，为其出谋划策，屡建功业，是西汉的开国元勋。张良非常同意娄敬的想法。高祖采纳了他们的建议，拍板定都长安。

公元前205年10月，刘邦正式迁都长安。由于关中地区在战争中受到很大破坏，刘邦便任命萧何营建新都，选址在咸阳东部的长安乡。长安城的营建用了很长时间，至公元前200年才正式竣工。之后，萧何又主持营建了未央宫。宫殿建成后，刘邦移驻未央宫，太后、太子等人则住在长乐宫里。汉朝的皇室建筑基本定型，长安作为全国的政治、军事、文化和经济中心的地位也完全确立了下来。

刘邦即位之初，由于连年混战，整个社会已经是一片残破，甚至出现虽有沃野千里却空无一人的景象。刘邦出行，竟然找不到四匹颜色相同的马，只好找颜色相近的马来代替；而大臣出行，更是只好乘坐牛车。所以，当时刘邦想要巩固政权是一件非常棘手的事情。

对此，刘邦采取了一系列轻徭薄赋、与民休息的无为政策。为了使民众得以休养生息，朝廷实行了轻税薄赋的政策。秦汉时，政府的农业税和私人地租都叫"租"或"税"；"赋"，一般指户赋、口赋、算赋等户口税。大汉建国后，采取"轻田租，十五而税一"的政策，即只抽农作物的1/15为农业税，税率是比较低的。

刘邦奉行的无为而治政策，有利于调动农民的生产积极性，恢复在长期战争中遭到破坏的农业经济，对于长期饱受战争之苦的农民来说是非常有利的。他所制定的一系列重要制度和政策，不仅巩固了刚刚建立起来的刘氏江山，而且对绵延200多年的整个西汉政权都起到了"立制垂范"的作用。

秦朝灭亡、汉朝兴起是中国历史上封建王朝的一次自然更替，虽然是一次翻天覆地的改朝换代、政权转移，但是更换的只是帝王将相而已，秦朝时期由秦始皇开创的专制主义中央集权的封建制度，基本上完好无损地沿袭了下来。

秦始皇统一中国后，费尽心思建立了一系列利于维护国家统一的统治制度。地方的权力集中到中央，中央的权力集中于皇帝，有效地防止了诸侯割据局面的出现，适应了社会发展、人民渴望稳定的要求。到西汉时期，这些制度仍然有利于皇权的专制和集中，能有效地号令天下，统治万民，确保最有力地维护刘氏的利益。但汉朝对秦朝的制度并不是简单的生搬硬套，而是在继承的基础上有所发展。此后中国的封建统治制度一直持续了2000年，虽然历经每个朝代的增减删益，但基本的体制一直没有改变。因此，封建制度始于秦，固于汉，"汉承秦制"在其中发挥了很大的作用。

总之，通过一系列的努力，刘邦建立了一整套井井有条、自上而下的统治制度，统一集权的大汉帝国初步确立了起来，刘氏的江山也基本上巩固住了。

6. 边事之策：和亲匈奴，海内渐安

"和亲政策"的治国策略，使得汉朝边境得到了安定，也使得大汉江山得到了维护，但这只是一个暂时性的决策，一旦时机成熟，大汉王朝必定反击。

匈奴是中国的一个古老民族，长期在中国北部的草原、沙漠地区游弋，过着粗放的游牧生活。秦王朝时期，蒙恬率十万大军北击匈奴，收复河套地区黄河以南的土地，并修筑万里长城防御匈奴南下入侵。匈奴部族的老酋长名叫头曼，他是一个非常粗犷的人物。他的前妻为他生了一个儿子叫冒顿。后来，头曼又喜欢上了另一个年轻的姑娘，并生下了一个幼子。头曼日益衰老，对后妻和幼子也就越来越疼爱。时间长了，头曼打算把酋长的位置传给幼子，但又怕长子冒顿不答应，于是头曼想借他人之手除掉冒顿，就派冒顿到月氏去当人质。冒顿刚到月氏，狠心的头曼就发兵攻打月氏，希望月氏迁怒于冒顿而杀死他。冒顿机敏果敢，他察觉到了父亲的意图，就趁着天黑夺取良马逃了出来。头曼见冒顿安然返回又惊又喜，认为儿子很有胆识，并把一部分部众分给他。但是冒顿却不肯原谅父亲，他表面上很温顺，内心却对头曼恨之入骨。后来，他将鸣镝射向了自己的父亲，并把继母与弟弟除掉，宣布自己继任"单于"。

秦朝末年，当汉军与楚军于荥阳相持不下的时候，匈奴族却在首领冒顿单于的率领下，建立了统一的国家，并且利用内地的分裂混战局势，不断向内地侵扰抢掠，给中原政权带来了极大的威胁。

中原地区的富庶对寒冷荒凉地带的游牧民族来说是一个难以抗拒的诱惑，冒顿的势力壮大之后，就接连不断地开始了向汉朝的进攻和骚扰。刘邦建国后，将韩王信迁徙到代国，建都于马邑。匈奴大军包围马邑，韩王信因受到汉王朝怀疑，害怕遭到诛杀，率众于马邑投降匈奴。

刘邦不能忍受这种侵略，于公元前200年，乘着刚刚击败项羽、统一中国的余威，亲自率领大军向匈奴进攻，结果在白登被冒顿团团围住，险些被俘，后来采用了贿赂单于妃子的方法才得以突围逃命。

刘邦苦于国家刚刚建立，无法与匈奴争雄，一时不知如何是好。这时候，大臣娄敬向刘邦建议把汉朝的公主嫁给单于，实行和亲政策。娄敬认为当前汉室刚立，不能跟匈奴汗国作战，冒顿单于弑父杀妻，蛮横至极，降服他的惟一办法就是把公主嫁给他，多给他金银财宝作为安抚。娶了汉朝公主后单于自然就成为汉朝的外婿，将来公主生孩子，继任单于更成为汉室的外亲成员，这样就可以有效地避免战争了。刘邦觉得有道理，就想把大女儿鲁元公主嫁给冒顿。吕后听说后，坚决不同意，反复地劝诫刘邦，刘邦也不敢太违背了妻子的意愿，就把一位宗室的女儿封为公主，嫁给了冒顿。

与匈奴开始和亲以后，双方"约为兄弟"，西汉政府除了把汉宗室女子嫁给匈奴单于外，每年还要送大量财物给匈奴。在武帝以前的惠帝、高后、文帝、景帝期间，汉朝在同匈奴的关系上，一直奉行刘敬（即娄敬，因建议定都长安有功，被刘邦赐姓刘）为汉高帝所制定的"和亲"政策，以妥协的方式来减缓匈奴在北部边境上造成的危害。这种"和亲政策"具有屈辱性质，双方是不平等的，而且这种政策的实行并不能从根本上解除匈奴对西汉王朝的威胁，这也决定了这种政策的暂时性，一旦条件成熟，汉朝一定会惊醒反击。到汉武帝时，随着条件的成熟，汉朝相继发动了三次大规模的对匈奴作战，基本上解除了匈奴对汉朝的威胁，之后，一直到汉元帝时才又一次实行了"和亲政策"。从历史意义来看，"和亲政策"的实施使汉朝边境获得了相对的安宁，也促进了汉族与北方少数民族的团结与和睦，维护了大汉江山社稷的利益。

7. 立太子：无奈，留有遗憾

雄心壮志的汉高祖在太子的废立问题上留下了几分无奈，一个柔弱寡谋、不思抵抗的太子怎能治理好国家，但他还是深谋远虑地为太子安排了辅佐大臣，以巩固自己打下的江山。

汉高祖刘邦征战沙场，戎马一生，但英雄一世也终究逃脱不了生老病死的自然规律。

公元前195年，淮南王英布发动叛乱。刘邦在吕后和许多大臣的建议下，不顾老迈的年龄和多病的身体亲自率军出征。征讨进行得很顺利，但是在一次战斗中，刘邦不幸被流箭击中，受伤不轻，不得不提前返回长安，留下其他将领继续追击英布。

由于一路的劳累、耽误，拖延了病情的医治，刘邦的身体一日不如一日。但回到长安之后，他并没有安下心来养病，作为一代开国立业的皇帝，他知道自己的时间已经不是很多了，因此要在这最后的一段时间之内处理好国家大事，使政权能够顺利地交接，汉家的天下不至于转到别人的手中。在生命的最后几个月内，刘邦接连采取了几项重大措施。

首先是确定皇位继承人，预定太子。刘邦对自己早先所立的太子不太满意。在西汉建立之初，刘邦立了他和皇后吕雉所生的儿子刘盈为太子。但是刘盈为人过于"仁弱"，脾气性格、办事的作风都不像刘邦自己，恐怕不能成大事，很难使刘氏江山永固。刘邦担心"仁柔"的刘盈继承皇位后，大权会被吕后掌握。而他与戚夫人所生的儿子赵王如意虽小，但在长相、性格上都像他自己，适于继承帝业。同时，刘邦发现吕后已经擅权，而戚姬却无过问朝政的能力，于是刘邦就有了废易太子的念头。

刘邦几次想改立赵王如意为太子，可最后终究没敢改立。无论是从感情上来说还是从国家的角度来讲，赵王如意都是最适合的人选，但是事与愿违，就连刘邦这个叱咤风云的开国皇帝竟然也有这么多的无奈。

刘邦当了皇帝以后，最宠爱的妃子就是戚夫人。刘邦与戚夫人所生的儿子赵王刘如意聪明伶俐，坚决果敢，常在刘邦身边撒娇，使他深深享受到了天伦之乐。刘邦总觉得如意才像是自己真正的继承人。戚夫人也自然明白，如果如意能被立为太子，日后自己就是皇太后，这样，善于妒嫉的吕后也就无法再加害自己了。于是，戚夫人日夜恳求刘邦废掉刘盈，改立如意为太子，有时甚至哭泣相求。刘邦有改立太子的想法。但是，刘邦的开国重臣们却极力反对改立太子之事，有的人甚至斩钉截铁毫不留情地说："臣口不能言，然臣知其不可。陛下欲废太子，臣绝不奉诏。"于是，在群臣的反对声中，刘邦只好暂时将这件事搁置。

吕后知道刘邦宠爱戚夫人到了极点，说不定真的会为戚夫人而改立太子，她非常害怕刘盈的太子之位不保，自己也会遭人暗算。于是，她接受张良的建议恳请"四皓"出山辅佐。"四皓"为吕后多次拜访而深受感动，终于答应出山辅佐刘盈。有一次，刘邦询问太子刘盈如何处理政事，太子说要善于用人，刘邦大笑，就问太子手下都是一些什么人，刘盈说："我常常得到'四皓'的指点。"刘邦最尊敬的就是"四皓"，没想到他们竟来辅佐太子。刘邦非常吃惊，认为太子羽翼已成，天下归心，地位已经不可撼摇了。从此，他就再也不提废太子的事情了。

此外，刘邦要更换刘盈改立如意，刘盈母家这一关就很难通过。刘盈的母亲吕后，跟随刘邦平定天下，掌握着很大的政治权力，是汉朝宫廷的头号人物。刘盈的舅舅吕泽、姨夫樊哙都是跟随刘邦打天下的开国功臣，他们在朝中拥有很大的势力，也是很难对付的。如果刘邦执意要废掉太子，恐怕会引起夫妻反目，甚至有可能发生政变，如意也会更加孤立，不仅无法继承皇位，还可能遭遇不测。

刘邦更易太子虽然没有成功，但是预立太子却从此成为汉代一项定制。这一制度，后来为中国历代封建王朝所承袭，成为皇位继承的惯例。

尽管刘盈在大臣支持，"四皓"辅佐，外戚拥护之下，保住了太子之位，并即位登基，成为后来的汉惠帝，但是，刘邦的担心是对的，惠帝实在太过懦弱，一登基，大权就旁落到了母亲吕雉手中。而刘盈自己却因为过于忧郁而早早去世了。作为一名开国之君，刘邦早就看到了刘盈懦弱不能成器的一点，才有了改立太子的想法，只是刘盈雄厚的政治背景，不是刘邦一人改变得了的。

不能更易太子，刘邦所担心的就是刘盈能否保住汉家的政权。为了防止刘家大权的旁落，刘邦和大臣们订立了誓言，这就是著名的"刑白马盟"。刘邦以古代盟会的形式，杀白马祭天，与大臣们歃血为盟，宣誓非刘姓不得为王，非功臣不得封侯。谁若违背此约，天下可共起而击之！刘邦是市井行伍出身，非常重义气，刘邦的大臣们也大多是贫寒出身，因此，以誓约的形式订立条款，更容易为大家所接受和遵从，流传也更加广泛，天下人都知道有此誓约，其约束力和影响力也就更大。在这以后，吕后当权，果然受到了这一誓约的掣肘，大臣们诛杀诸吕也是根据这一誓约。

刘邦对辅佐刘盈的丞相人选的最后指定，为汉王朝最终渡过难关发挥了重要作用。刘邦在病危弥留之际，指定曹参做萧何的继承人，曹参之后由王陵和陈平继承。又指定周勃为太尉，独掌军事大权。这些人当中没有一个吕后的亲属，更没有她的嫡系，对吕后以后的用人形成了极大的限制。日后，也正是太尉周勃和宰相陈平匡扶了汉室，刘邦安排将相选用得当，足见他用心之深。

第二章 仁弱皇帝 惠帝刘盈

　　汉惠帝刘盈是西汉的第二个皇帝，他是刘邦和结发妻子吕雉惟一的儿子，生于公元前211年。

　　惠帝生性仁弱无能，大权由母亲皇太后吕雉执掌，中国历史从此开始进入吕后时代。

　　惠帝刘盈自丙午（公元前195年）至癸丑（公元前188年）在位七年，寿二十四岁，葬于安陵（今陕西咸阳市北三十五里），尊谥孝惠皇帝。

　　皇后张氏无生育，后宫嫔妃们为他生了共计六个儿子。除太子刘恭外，还有：刘彊（淮阳王）、刘不疑（常山王）、刘山（襄城侯）、刘朝（轵侯）、刘武（壶关侯）。（有谱载生七子，除上面六子外，增加：刘泰，或作刘太，平昌侯。）

1.登基帝位：子弱母执政，心狠手辣

一个掌握大权的君主，最忌讳的就是无权执政，成为影子皇帝，而汉惠帝由于自己的仁弱，造成了吕后执政的状况。吕后为了自己的利益，不惜做尽了一切毒辣之事。

汉惠帝刘盈是个年轻的皇帝，十六岁的时候就继承了皇位，但他是个短命的皇帝，仅仅在位七年就去世了，这和他的母亲吕后有直接的关系。刘盈登基做皇帝是母亲吕后的功劳，但是他最后英年早逝也和母亲的所作所为有着极其重要的关系。

高祖刘邦去世后，吕后为了维护汉惠帝的帝位，便对戚夫人母子下了毒手。

戚姬是公元前208年刘邦在定陶得到的，从那时起一直到公元前194年刘邦去世的14年中，刘邦所宠爱的姬妾，惟有戚姬一人而已。戚姬一直能博得刘邦的欢心，并经常陪伴刘邦转战各地。14年中，戚姬有她的欢乐，也有她的忧伤。皇帝的宠爱，儿子的天真与聪明，给戚姬带来了无限的欢乐；皇上多次想要改立如意为太子，又给戚姬带来了美好的憧憬。可是，吕后与太子刘盈的存在，却犹如压在戚姬胸上的一块巨石，每念及此，戚姬总是不寒而栗。大臣们群起反对易立太子，更是使戚姬感到希望渺茫。商山四皓的出现，她同皇上楚歌楚舞，更是不祥之兆：事实上，他们都来日不多了。

刘邦活着的时候，因为宠幸很多的后宫姬妾，冷落了吕后。这使吕后非常嫉恨，等刘邦死了，自己当了太后，她便对以前的姬妾们进行迫害，有时竟达到了丧心病狂的地步。对惠帝早死最有影响的一件事，就是吕后对戚夫人的残忍迫害。

高祖刘邦去世后，吕后为皇太后，下令将戚姬囚禁在永巷狱中，遣人剃去戚姬的头发，给她穿上赤土染成的囚服，戴上刑具，在狱中罚做春米的苦役。尊贵的皇帝宠姬沦为囚徒，变化之大使戚姬难以承受。为发泄心中的不满与忧伤，她一边春米，一边歌唱："儿子为王，母亲为囚，每天春米从早到晚，常常与死罪者为伍！母子相离三千里，我的情况谁能够告诉你？"吕后得知，大怒道："你还想依靠你的儿子呀！"

于是吕后派人召赵王入京，想要把他们母子一同杀害。惠帝将赵王接进宫中与自己同吃同住，不给吕后下手之机，但吕后还是伺机毒死了赵王如意。惠帝得知后，失声痛哭，追悔无及。吕后把赵王如意毒死在惠帝宫中后，对戚姬的迫害也随之进一步升级。太后下令将戚姬的手足砍断，挖去她的双眼，把她的耳朵薰聋，用瘖药使她哑不能言，将她置于地窖之中，称她为"人彘"，让她过着猪一般的生活。

几天后，太后召惠帝去观看"人彘"。惠帝见到这目不忍睹的惨景，问是何人，犯有何罪，竟受此酷刑。当惠帝得知这就是戚夫人时，不禁大哭起来。惠帝确实像他父亲高帝刘邦所说的那样，为人仁弱。心地善良的汉惠帝，见他的生身母亲毒死赵王，如今又把戚夫人残害得这般模样，心灵上受到巨大刺激，因此而害病，郁郁而终，年仅二十三岁，谥号"孝惠"。

吕后残害戚夫人母子的做法是极其残忍的，这一做法使得她在历史上留下了残暴毒辣的坏名声。

2. 独揽朝政：变刘家江山为吕氏天下

统治阶级内部始终都在为自己的利益而战，为自己的利益做出决策，为巩固自己的统治地位而不择手段，做出一些荒唐的事情，甚至连最亲的人都可以杀死。

惠帝即位后，吕后把鲁元公主所生的女儿，即宣平侯张敖的女儿嫁给惠帝做皇后。论辈分，张皇后应管惠帝叫舅舅。吕后这样做，为的是便于控制惠帝。为了夺得政权，巩固政权，吕后竟做出了如此有违人伦的荒唐事情！

惠帝和张皇后并没有生孩子，吕后为此想尽了办法，请尽了名医，可还是一无所济。于是，吕后便让张皇后装着已经怀有身孕，然后将一怀孕美人藏养于深宫，再夺取美人所生的儿子，假称为张皇后生的儿子，并将其立为太子。后来，又杀了那个美人，以断绝口实。

惠帝死后，太子继立为皇帝。太子年幼，大权基本上是在吕后的掌控之中。小皇帝慢慢长大，听说生身母亲被迫害而死，自己并非皇后所生，便气愤地说：“皇后怎么能如此残酷地杀害我的母亲，反让我认她为母亲！我长大以后一定要报杀母之仇。”这话传到了吕后的耳中。

吕后召集众大臣商议要废了皇帝，众大臣都惧怕吕后，便叩头说：“皇太后为了治理天下百姓，谋虑安定宗庙社稷，想得周到深刻，群臣叩头，接受诏令。”小皇帝被废除，吕后便杀了他，又立常山王刘义为皇帝，实际上朝政大权均由她一人把持，此时，吕后已经公开出面处理天下大事，古称为"临朝称制"。

吕太后打算进一步晋封自己的叔侄兄弟为王，以分享刘氏政权，并借此进一步确立吕氏的优势地位。为此，她想出两条办法来克服阻力，其一是扩充吕家的势力，其二是削夺大臣的权力。

王陵、陈平为了保全自己，提出请吕家的人担任宫廷守卫，这一建议正中吕后下怀，所以她欣然接受。但吕后的最终目的是想封吕家的人为王，她知道这帮老臣是元老，追随刘邦打下天下，心念刘氏天下，肯定不会同意吕家的人封王，于是便在朝会的时候试探性地问右丞相王陵。王陵便直言不讳地拿当初高祖在世的时候所订下的白马盟约"不是刘家的人如果称了王，天下的人联合起来击破他"来反对吕后。吕后听了这话大不高兴，又问左丞相陈平、太尉周勃，周勃等人则见机行事，回答说："高帝平定天下，封王刘氏子弟；现在太后君临天下，封王吕家的人，理应可以。"吕后非常高兴，宣布散朝。

为了不致因封吕家的人为王而引起朝野太大的震动，吕后做了许多铺垫性的工作。

吕后首先做的是巩固自己的权势，平衡各派的力量。她清楚地知道刘氏在朝廷和地方的势力还是占绝对优势的。于是，吕后对官职进行了调整，不露声色地完全控制了中央的大权。王陵因庭折太后而辞职，空出右丞相位置，吕后便让陈平担任，而升自己的嫡系辟阳侯审食其为左丞相。审食其倚仗太后撑腰，反而比陈平拥有更大的权力，许多善于见风使舵的公卿大夫，有事宁可暗中和审食其商量，也不去找右丞相陈平。陈平虽为两朝元老，也是高祖指定的丞相继承人，但却没有审食其权力大。好在陈平为人隐忍，他当然明白自己的处境和太后的意思，并不和审食其争权，这样三人倒也相安无事。

吕后先封吕家已经去世的人为王。追封她父亲吕公为吕宣王，兄长吕泽为悼武王。吕后可以说是非常有心计，借死人先造舆论。但对死者和异姓王的分封，毕竟没有给刘氏任何好处，为了进一步减少阻力，也是为了迷惑别人，接着，吕后又封非刘非吕的人为侯。她封高祖时功臣、郎中令冯无择为博城侯，齐国丞相齐寿为平定侯，少府延为梧侯，高祖骑将张越人的儿子张买为南宫侯。恰好在此时，吕太后的独生女鲁元公主去世了，太后顺水推舟将她和张敖的儿子张偃封为鲁王，追谥鲁元公主为鲁元太后。这样，又出现了一个非刘氏的张姓诸侯，而且是高皇帝的外孙，大臣们也没有太多的理由反对，这就为吕后日后的分封增添了合法性。接着吕后又封了一些刘氏的人，封刘疆为淮阳王，刘不疑为常山王，刘山为襄城侯，刘朝为轵侯，刘武为壶关侯。吕后在做完这些事后，才大封吕家的人。吕后执政八年，封吕氏四王八侯。四王是：吕公封宣王，吕台封吕王，吕通封燕王，吕禄封赵王。八侯是：吕他封俞侯，吕更始封赘其侯，吕忿封吕成侯，吕荣封祝兹侯，吕婴封临光侯，吕庄封东平侯，吕种封沛侯，吕平封扶柳侯。吕氏四王八侯分据朝廷各重要部门，成为吕后的心腹和左右手。

吕后为了进一步控制刘氏家族的政权，为自己以后的执政扫除障碍，便把吕禄的女儿嫁给齐王刘肥的儿子刘章，并封刘章为朱虚侯。

吕后用同样的方法把吕家的姑娘嫁给高祖刘邦的第六个儿子赵王刘友作王后，但是刘友很不喜欢她，却喜欢其他的妃嫔。这使得吕王后十分恼火，就跑到吕后面前告状，故意说赵王对吕后一点都不恭敬，还编造"吕家的人怎么能封王！太后百岁之后，我一定要去打击他们！"以这样的话来诬蔑赵王。吕后勃然大怒，派使者把赵王叫到京城囚禁起来。吕后并不接见他，只是命令士兵严加看管，不许给他饭吃。赵王饿得不行了，唱起凄凉的歌，歌词道："吕家人当权啊刘氏危机，胁迫王侯啊强配我王妃。我妃妒火中烧啊诬陷我以大罪，谗女乱国啊皇上竟不察觉！我没有忠臣啊何故失国……"最后，赵王被活活饿死，死后按照普通老百姓的身份安葬。

赵王刘友死后，吕后又封刘邦第五个儿子梁王刘恢为赵王。为了监视赵王刘恢，吕后把侄子吕产的女儿嫁给他做了王后。王后随从的人也都是吕家的人，他们横行无忌，施展权势，赵王刘恢的一切行动自由都被剥夺了。刘恢唯一宠幸的爱姬也被王后用毒酒毒死。刘恢敢怒不敢言，二月娶王后，六月便自杀了。吕太后和代王刘恒商议，想让他为赵王。刘恒眼见三位赵王都不得好死，哪里敢去担任，就以愿意为国家长守边疆为借口，婉言拒绝了吕后的"美意"。吕后非常高兴，她立刻封侄子吕禄为赵王。吕后原本怕代王刘恒起兵作乱，想下一步除掉代王，但代王愿意为国家长守边疆的回答，让吕后确实放心不少。

　　燕王刘建去世后，没有嫡子，吕后就让吕通做了燕王，吕通原来东平侯的职务，则由其弟吕庄继承。经过一系列的打击与排挤，吕氏诸王和张氏王的力量已逐渐凌驾于刘氏王之上。除此之外，吕后想尽办法，削夺大臣的权力。吕后嫌右丞相王陵不听话，便任命他为辅导皇帝的太傅，实质上是夺了他的权。随后，又提升左丞相陈平为右丞相，任命辟阳侯审食其为左丞相。按说左丞相只是监护、管理皇宫中的事务，职位在右丞相之下。但由于审食其是吕后的亲信，重大事务参与决策，朝廷大事不通过审食其就不能决定，右丞相陈平只能俯首听命而已。这样一来，刘家的江山就成了吕氏的天下。

3. 忍辱负重：冒顿修书戏辱吕后

小不忍则乱大谋，为了更好地把握手中的权力，吕后竟然能忍受这样的戏辱，可见吕后的深谋远虑非同一般。

与匈奴的关系一直是西汉王朝前中期一个非常棘手的问题。早在汉朝统一中原以前，匈奴就已在冒顿单于手上统一了起来。汉初国弱，汉高祖刘邦征战一生，不曾向任何人服输，但却对匈奴毫无办法。汉惠帝和吕后时期，也不得不对匈奴采取忍让政策。

刘邦死后，太子刘盈继位，是为惠帝，惠帝仁弱，吕后控制了整个朝廷的大权。匈奴单于冒顿对汉朝的形势有所了解，认为吕后孤儿寡母没有什么本领，更加懦弱可欺。于是他不断地派军队骚扰汉朝边境，汉朝再次遭受边患之苦。

一次，冒顿给吕后写了一封信，派遣使者送到长安，吕后打开信之后，不禁气得全身发抖。冒顿在书中写道："孤偾之君，生于沮泽之中，长于平野牛马之域，数至边境，愿游中国。陛下独立，孤偾独居，两主不乐，无以自娱，愿以所有，易其所无。"

信中的话，句句充满了诋毁诬蔑之意，这分明是在戏弄吕后。吕后立即召来大臣们举行会议，把匈奴的国书传给群臣看，吕后愤愤地说："这分明是没把我大汉放在眼里，匈奴如此无礼，我要斩杀它的使臣，发兵消灭它的国家！"

樊哙大将军气得火冒三丈，站起来对吕后说："我愿意带领十万人马，铲平匈奴。"别的大臣们见匈奴如此无礼，也非常气愤，他们凭着一时的性情，又见吕后和樊哙都有讨伐的意图，于是就一齐声讨匈奴。

中郎将季布却在那里一动不动，他见樊哙心直口快，全然不思征伐匈奴的难处，大臣们也都不顾利害，一味顺从，就若有所思地站在那里。季布曾经是项羽的部将，他很会打仗，几次把刘邦打败，弄得刘邦很狼狈。后来项羽被围自杀，刘邦夺取天下，当上了皇帝。刘邦每想起败在季布手下的事，就十分生气。愤怒之下，刘邦下令缉拿季布。后又赦免季布，孝惠帝时任中郎将。吕后知道他有想法，就让季布发表意见，季布大声地说："樊哙如此莽撞，真该斩首啊。"吕后和群臣意想不到他这样说，都很吃惊。

季布说："当年高祖皇帝统领四十万兵众，北伐匈奴，樊哙身为上将，随从出征，竟被匈奴围困平城七日，樊哙无力解围，天下的百姓作歌唱到'平城之下亦诚苦，七日不食，不能彀弩'，如今歌声未绝，樊哙又想动摇天下的根基，妄言率军剿灭匈奴，这难道不是当面欺骗太后吗？据我所知，匈奴像禽兽一样凶猛，没有礼俗教化，听到他们的恭维之言不值得高兴，听到他们的恶言恶语也不值得生气。"季布站在大殿上滔滔不绝，大臣们看到吕后脸色不好，都替他捏了一把汗。

吕后听完季布的话，虽然仍感觉心有不甘，却又觉得非常有道理，于是她叹了一口气，不再提出讨伐匈奴的事情了。吕后命令大谒者张泽，拟成回书，回书上面说："单于不忘敝邑，赐之以书。敝邑恐惧，退日自图。年老气衰，发齿坠落，行步失度。单于过听，不足以自污。敝邑无罪，宜在见赦。窃有御车二乘、马二驷，以奉常驾。"

使者回到匈奴，冒顿见吕后语气极其卑逊，甚是得意，也就不再肆意骚扰汉境。到了汉惠帝三年的时候，冒顿还派遣使者向汉朝献马，吕后就又把宗室之女封为公主，嫁给了冒顿，汉匈重新修好。

吕后性格刚强，从不肯受半点委曲，但是她在匈奴侮辱一事上的忍让，让我们看到了她深谋远虑的一面。吕后深深地明白"小不忍则乱大谋"的道理，为了更好地实现自己独掌大权，实现吕氏家族一手遮天，她忍常人所不能忍，体现了一个政治家的谋虑。

4. 发动起义：匡扶刘氏江山，吕氏集团覆亡

吕太后没有完成她的政治计划就去世了。汉朝统治阶级内部矛盾骤然激化，袒刘之军蜂起。齐王刘襄发难于外，陈平、周勃响应于内，刘氏诸王遂群起而杀诸吕，刘氏皇族集团与吕氏外戚集团的一场流血斗争，以皇族集团的胜利而告终。

周勃是江苏沛县人，是汉高祖刘邦的老乡。他的祖先原先在卷城（今河南原阳）居住，后来因为躲避黄灾的缘故迁徙到沛县。周勃家世贫寒，祖祖辈辈都是无名小辈。周勃自沛县起事始即追随刘邦，攻城略地，功勋卓著，高祖六年被赐予列侯爵位，享有绛县八千一百八十户的食邑，号称"绛侯"。

刘章，刘襄的弟弟。刘襄是齐国第一代国君刘肥的儿子，刘肥死后继为齐王。刘章奉命进入汉宫值宿护卫，吕太后封他为朱虚侯，并把吕禄的女儿嫁给他为妻。刘章不像刘友、刘恢那样明着和吕后作对，而是非常有心计，找机会蓄势待发。

吕后一死，刘氏诸王和汉廷宿旧们都摩拳擦掌，准备从吕氏手中夺权，而诸吕也正准备发动政变，蠢蠢欲动，形势非常危急。吕后去世后，吕禄任上将军，吕产任相国，他们想发动叛乱夺取政权。刘章知道了他们的阴谋，就派人报告他的哥哥齐王刘襄。两人准备发兵西征，里应外合，诛杀吕氏族人，立齐王为皇帝。

世上没有不透风的墙，齐国国相召平很快得知了这件事，就想发兵

攻打齐王王宫。齐王刘襄派魏勃前去镇压，魏勃使计骗取了召平的信任，直接派兵包围了相府，召平才知自己已经上当，见大势已去，只得自杀而死。齐王刘襄于是让驷君做国相，魏勃任将军，祝午任内史，把国中的兵力全部派出。刘襄又派祝午到东边去诈骗琅琊王刘泽，说吕氏族人叛乱，齐王发兵想西进诛杀他们。祝午说："齐王年轻幼稚，不熟悉征战之事，愿把整个封国托付给大王。齐王不敢离开军队，就派臣请大王到临淄去会见齐王商议大事，一起领兵西进平定关中之乱。"琅琊王刘泽相信了祝午的话，就去见齐王。齐王与魏勃早已埋伏好了，趁机扣留了琅琊王刘泽，全部接管了琅琊国的军队。

刘襄继续起兵向西进攻济南的吕国。吕国上下听说齐王发兵西进，就派大将军灌婴带兵东进拦击齐兵。灌婴早就想诛杀吕氏，很快就和齐国约好，共同讨伐吕氏。不久，刘襄夺取了原先的封地济南郡。

周勃担任着太尉一职，但有名无实，根本无法进入军营主持军务。周勃知道吕氏要发动叛乱后，就和丞相陈平商量，他们想到大臣郦商的儿子郦寄和吕禄是好朋友，就派人挟持了郦商，要郦寄去劝说吕禄："太后死了，皇帝年纪又小，您身为赵王，却留在长安带兵，大臣诸侯都怀疑您，对您不利。如果您能把兵权交给太尉，回到自己封地，齐国的兵就会撤退，大臣们也心安了。"郦寄为了保住父亲的性命，建议吕禄把将印归还朝廷，把兵权交还给太尉周勃，和大臣们订立盟约，返回封国，这样就可以高枕无忧、世世代代做诸侯王了。吕禄果然相信了郦寄的话，但是对于交出兵权尚有些担心，迟疑未决。

就在这时，曹参的儿子曹窋把郎中令贾寿告知吕产、灌婴与刘襄等诸侯王联合、准备诛灭诸吕，催促吕产赶快进宫的消息，告诉了丞相陈平和太尉周勃。于是，陈平和周勃决定先发制人。周勃又派郦寄等劝说吕禄："皇帝命令太尉主管北军，让您回封国去，要是不赶快交出将军印，就要大祸临头了。"吕禄认为郦寄不会欺骗他，就解下将军印，把兵权交给了周勃。周勃拿着将印进入北军中，他大呼一声："拥护吕氏的袒露右臂，拥护刘氏的袒露左臂。"军士们都将左臂袒露出来，表示拥护刘氏。

于是周勃接管了北军。

吕产还不知道吕禄的北军已落在周勃手里，仍然把持着南军不肯撒手，想要顽抗到底。吕产跑到未央宫想要发动叛乱，周勃派朱虚侯刘章带一千多个兵士赶来，把他杀了。接着，刘章与周勃、陈平等人诛杀吕氏殆尽，大臣们商议要让齐王继皇帝位，可是琅琊王和一些大臣认为齐王的母后家族凶恶残暴，怕会重蹈吕氏的覆辙，于是就拥立了后族势力薄弱的代王刘恒。

第三章 励精图治 文帝刘恒

　　汉文帝刘恒（前202年—前157年），是中国历史上著名的皇帝。他是西汉第三代皇帝，是高祖刘邦的第四个儿子，母亲为薄姬，七岁时被封为代王。公元前180年，吕后去世，刘恒继承皇位，在位23年。他为政清明，励精图治，颇有作为。他在位期间采取轻徭薄赋、发展生产、安抚百姓的"休养生息"政策，有效地推动了汉初经济的恢复和发展。他大力推行安抚边疆、减少征战的统治措施，国家得以安定。文帝开启了一代清明的历史时期，与其后的景帝一起被后人称为"文景之治"。

1. 艰难即位：韬光养晦，夺回刘氏天下

临大厦将倾的危机，刘恒艰难即位，在稳定民心的前提下，成为大汉的第三代皇帝，夺回了刘氏江山。

刘邦生有八个儿子，其中吕后生了老二刘盈，后继位为汉惠帝，却不幸早逝。吕后为了掌权，对庶出的其他诸子大加迫害，到吕后去世时，除了老大刘肥善终，已有四人被她害死，儿子中只剩下淮南王刘长和代王刘恒。

刘恒的出世缘于一次非常偶然的机会。据说是在楚汉之争时，刘邦击溃了项羽所封立的魏国，把魏王豹的后宫嫔妃全部虏获，并命令她们织衣锄地，以示惩罚。一天，刘邦来检查这些女子的劳作情况，发现薄姬颇有一番姿色，便将她带回宫中。薄姬的父亲是吴地人，秦朝时与魏王的宗室女相爱而生下了她。

薄姬入宫岁余不得见，是其少时好友管夫人、赵子儿得幸刘邦后，笑与薄姬"先贵无相忘"的少时之约，刘邦心怜薄姬，才在闻听此语当日宠幸了她，没想到的是后来薄姬居然怀孕了，并生下了刘恒。由于当时战势的紧张，刘邦渐渐将她冷落了。刘恒出生后，从来没有得到父亲的关心和疼爱，一直都是和母亲相依为命，在他人的虎视眈眈之下战战兢兢地生活。

薄姬与世无争，不与妃妾们争宠，刘恒不得父亲喜欢，就终日看书习字，母子二人像是被遗忘了一样，然而正是这种安分守己的生活才使势单

力薄的母子二人得以保存性命。刘恒和母亲从一开始就不受宠，又没有什么野心，不想争权夺利，只想过安稳的生活，自然就逃过吕后的手掌了。吕后专权，刘氏皇族死的死、亡的亡，刘恒势单力薄，根本无力与吕氏集团对抗，他也只能先顾命自保，相时以待，才有可能恢复刘家的天下。

公元前180年，好消息不断地传来，执掌汉室大权多年的吕后死了，宫廷发生政变，太尉周勃、丞相陈平诛杀诸吕，朝廷的动向还难以卜知，因此刘恒不动声色，继续呆在他的代地。不久，朝廷的使臣来到了代地，奉请代王刘恒回长安即皇帝位。

刘恒不敢贸然成行，他立即召集僚属商议。郎中令张武说，朝廷的大臣都是高祖的大将，擅长兵法权术，不能轻信，以防有诈。中尉宋昌则认为，刘氏的天下是天意神授，深入人心，谁也改变不了的；现在刘邦的儿子中只剩下淮南王刘长和代王刘恒二人，刘恒年长名声又好，应该不会有什么问题。

议来议去，刘恒自己也拿不定主意，就去请教母亲，薄姬向来处事谨慎，更不知该怎么办了。于是刘恒派舅舅薄昭前往京城探听周勃、陈平的虚实。薄昭很快就回来了，他将周勃等人杀死诸吕的情况一一禀报刘恒，并说刘氏定天下，万民归心，不可错此良机。刘恒听后很高兴，决定进京即皇帝位。

朝中大臣原想拥立齐王刘襄或淮南王刘长为帝，但是考虑二人外戚势力强大，怕以后还会有外姓专权，祸害刘氏江山，重蹈覆辙；而代王仁孝宽厚，母后谨良，外戚势力薄弱，便转为拥护刘恒为皇帝。

刘恒要宋昌陪同自己坐在代王的专用车里，令张武等六人乘坐普通车子作为随从，这小小的车队，便登上了前往长安的道路。刘恒一行走到距长安50多里的高陵时又犯嘀咕了，唯恐有诈，决定就此不动，派宋昌再去探望周勃等人的动向。宋昌一个人骑着马，在距长安城北3里远的渭桥边，碰到了周勃、陈平等人，他们已率领朝中大臣在此恭迎圣驾了。宋昌赶紧回去禀报，刘恒快马来到渭桥，接受大臣们的拜贺。

刘恒的车子很快进了代邸，群臣也一齐随从而来。丞相陈平、太尉周勃等几名谋划和发动政变的骨干人物到刘恒面前礼拜，并宣读了他们联名给刘恒的上表。大臣们一致认为现在的小皇帝刘弘等人都不是惠帝的儿子，非刘氏之后，不能继承刘氏江山。高皇帝刘邦的大嫂、二嫂、同曾祖的弟兄琅琊王刘泽，以及其他宗室、列侯、俸禄二千石的官吏们都认为刘恒应当成为皇帝的继承人，请他即天子位。

大臣们的意见集中了刘氏宗亲和上层官吏的看法，而且把宗亲放在首位，这既符合刘恒的意愿，又符合他的利益。于是周勃跪倒在地，奉上皇帝的印玺，刘恒再三辞谢，以示谦逊恭让之礼。

刘恒进入长安之后并没有立即入住皇宫，而是住在自己作为外王时在京的行宫代邸里。大臣们诚惶诚恐，纷纷跪拜请求代王早日继承皇位，以稳定民心，处理国政。

刘恒见时机已经成熟，于是便正式宣布即皇帝位。他当夜就安排宋昌为卫将军，统管驻守长安的南军和北军，张武为郎中令，负责宫内安全和领衔为皇帝服务的各级官员。就此，刘恒的帝位巩固了下来，他本人成为汉朝的第三代君主——文帝。

2. 削相封侯：整顿朝纲，巩固皇权

为了加强皇权，巩固自己的帝位，汉文帝集中整顿吏治，恢复错误废除的将相，此举稳固了刘氏江山。

汉文帝刘恒登基以后，面临的第一个问题就是如何巩固自己的皇帝地位，使刘氏江山更加稳固。为此文帝采取了缓急得当、有条不紊的措施，并取得了明显的效果。

文帝即位是在很秘密的情况下进行的，只有少数官位较高的文臣武将们知晓此事，下层官员和民间根本不知道宫中已经发生了这么大的变动。即位的当天晚上，文帝就马不停蹄地作出了许多重大的国事安排。他首先控制了京城和皇宫的军队侍卫，由亲信宋昌、张武分别担任最高指挥官，从而确保了皇帝的人身安全不受到他人的控制和约束。

文帝随后又向全国发布了第一道诏书，宣布刘邦的第四子现已即位，将大赦天下赐恩于黎民。这样，新帝登基的消息马上传遍了天下，文帝的举措得到了各地父老百姓的支持。这样不但他的地位得到了巩固，风雨飘摇了多年的刘氏江山也巩固下来了。

继位两年后，文帝下达诏书让大批诸侯回到自己的封国去。有官职在身不能离开，或朝廷特许留住的，也要把太子遣送封国。这道与上层人物关系重大的命令在具体实行的过程中遇到了相当大的阻力。列侯们除了想得到爵位以外，还想在京师谋求到有权力的职位，都托辞不走，所以诏书下达一年之后，诸侯王还是没有一个走的。文帝有些恼火，要丞相带头

回到封国，以此挡回列侯们不受器重的怨言，表明文帝这样做不仅是治国的需要，而且也是对列侯们的真正器重。于是，再次下诏说："前时诏书要列侯各到封国，有的托辞不走。丞相（指周勃）是我所器重的人，请他为我率领列侯到封国。"于是周勃的丞相之职被免，回到了他的封地绛县（今山西曲沃东）。

文帝让列侯归国这一措施，其实是要处理一批他所不器重或不放心的人物，以此巩固他的地位。

周勃本人就是其中的一个。周勃是发动政变诛灭诸吕、拥戴文帝当皇帝的头号功臣，文帝确实感激他，给了他最高的奖赏。但他对周勃却心怀畏惧。在他即位后，丞相仍由陈平担任，周勃还是做太尉。陈平是谋士出身，一向谋虑深远，他感到自己与周勃之间失去了平衡，处于危险地位，就托病不出，坚持要求把周勃的位置排在自己之上。文帝见势便采取了两全其美的办法，把丞相职位一分为二，要周勃任右丞相，位居第一，陈平任左丞相，位居第二；空出的太尉一席，由将军灌婴填补。周勃自己认为功高权大，每当"朝罢趋出，意得甚有骄主色"，而文帝对他却是"礼之恭，常目送之"。

有人提醒周勃说："你诛吕氏、立代王，威震天下；受重赏、处尊位，得宠已极。长此下去势必引祸及身。"周勃猛然意识到问题的严重性，立即"请归相印"，文帝毫不迟疑地答应了。周勃当右丞相前后只有一个多月。辞相一年后，丞相陈平去世，因无合适人选，文帝又让他当了丞相。复职后10个月，文帝又以列侯归国的名义把他免了职。

周勃回家后，每当河东守尉到绛县例行公事，周勃都因唯恐被诛杀而如临大敌，经常披带战甲，家人在接待客人时手里也拿着兵器。于是就有人告他谋反，文帝立即把他抓进了监狱。后来在薄太后的帮助下，周勃才得以幸免。薄太后提着文帝的帽带子说："绛侯怀揣皇帝宝玺，统帅长安北军的时候不造反，如今住在一个小县里，反倒会造反？"文帝亲自调阅了周勃的案卷，确无造反实据，这才放了他，恢复了他的爵邑。周勃出狱后，颐养天年。文帝最终未让周勃横死，算是中国帝王史上少见的特例了。

朝廷之臣调整完毕，文帝就开始了对各地封侯的调遣。文帝首先做的就是恢复原先刘氏诸王的封地和其他利益，以昭天下乃刘氏之天下之名，把吕后所剥夺的齐王、楚王等人的土地如数归还，把被吕后杀害的诸王的子嗣重新立为王，各归封地。立原赵幽王刘友之子刘遂为赵王；徙封原琅琊王刘泽为燕王。后来，又立刘遂之弟刘强为河间王；朱虚侯刘章为城阳王；东牟侯刘兴居为济北王；立皇子刘武为代王，又徙封为淮阳王，后徙封为梁王；封刘参为太原王；刘揖为梁王。

在当时来看，汉文帝的分封政策对巩固刘家天下起到了一定的作用，但从长远来看，这也埋下了以后诸侯叛乱、对抗中央的隐患。

3. 治世：休养生息，开创盛世

刘恒为政清明，在治世上提出了休养生息的政策，开创了安民之道，使汉初社会经济得到了稳定的发展。

西汉王朝建立后，汉高祖、惠帝、吕后都着力发展农业生产，稳定统治秩序，收到了显著的成效。然而文帝即位之时，由于"一人耕之，十人聚而食之"，农民遭受残酷剥削，统治阶级淫侈之风日益严重，造成国家财力严重不足，人民生活困顿。

贾谊是西汉文帝时期洛阳人，是中国历史上著名的政论家、思想家、散文家。贾谊作《过秦论》，为文帝提出治国的根本方针"牧民之道，务在安之"，受到了文帝的极大赞赏。"牧民之道，务在安之"，这既是惠帝以来朝野共同的要求，也是巩固西汉统治的需要。

在"安民"方针的指导下，文帝首先在思想上大力推行黄老政治，坚持"清静无为"、"躬修节俭"。在经济上则采取了减省租赋的办法。另外还减轻徭役，成年男子的徭役减为每三年服役一次。除此之外，文帝还下诏开放原来归国家所有的山林川泽，准许私人开采矿产，取消在原先的关口之处对来往商人的审查收税制度和对人民上山打柴、下河捕鱼的禁令。这些政策实施之后，出现了"富商大贾周游天下，交易之物莫不流通"的繁荣局面，劳动人民可以自由地出入山林河泽之中，生活也有了一定的补助保障，安居乐业的局面逐渐形成了。

经济有了起色，文帝并没有欣然自喜，浪费资财，而是仍旧奉行勤俭节约的政策。文帝在位23年，车骑服御之物都没有增添；屡次下诏禁止郡国贡献奇珍异物；平时穿着都是用粗糙的黑丝绸做的衣服；为自己预修的陵墓也要求从简。

文帝为政清明，从谏如流。在诤谏面前他肯承认自己的过失并及时改正。张释之是个严格执行法律的官吏，以敢在皇上面前据理力争而著称，文帝任命他为廷尉。后来，在判某人无意间惊了圣驾和某人偷窃高祖祠庙塑像座前的玉环两案中，尽管文帝的旨意是要处当事人以重刑，但张释之坚持依法办事，说服了文帝，维护了法律的公正。

汉文帝极力推崇黄老哲学，黄老思想虽然吸引了法家的"执法"、"守法"思想，但基于"安民"、"惠民"的立场，对法家"重刑轻罪"的主张并不首肯。黄老思想不仅要求"君正"，而且要求"法正"。所以汉文帝坚持"赏罚信"的思想，主张严格执法，即使帝王也只有"执道生法"的权力，而不得犯法。他本人就是一位不以个人意志破坏法律规定而"循守成法"的帝王。

在黄老思想作用下，汉文帝坚持废除秦之苛法。文帝元年（前179年）十二月，废除"收孥连坐法"。明令宣布："现在，废除一人犯罪，家人收为奴婢及各种株连的法律。"这是对旧传统的否定，对成法的改革。

文帝最重要的德政是改革刑制，废除肉刑。这一刑制的改革，在中国法制史上的意义重大，它是中国古代刑制由野蛮阶段进入较为文明阶段的标志。这一改革，为中国刑制向新"五刑"的过渡奠定了基础。

由于文帝采取了上述方针和措施，使当时社会经济获得了显著的发展，统治秩序也日臻巩固。西汉初年，大侯封国不过万家，小的五六百户。到了文帝和景帝时期，流民还归田园，户口迅速繁息，列侯封国大者至三四万户，小的也户口倍增，而且比过去富庶多了，中国古代社会开始进入治世。

4.诛杀淮南王刘长：忍无可忍则无需再忍

权力的争夺，常常导致战争的爆发，为了维护自己的统治地位，不能一忍再忍，就连一直推行无为政治的汉文帝，也不得不发动战争。

汉文帝大力推行无为政治，对维护社会稳定，促进经济发展固然起了很大作用，但也催化了诸侯王势力的恶性发展。诸侯势力之大，形成了"尾大不掉"之势，使刘氏宗室内部在皇权和王权的分割问题上产生了尖锐的矛盾，这个矛盾从文帝即位后就开始激化了。

诛吕安刘之事始于齐王起兵，成于吕产授首。这中间刘章的功劳不亚于周勃，但刘章原本主张立齐王为帝，所以文帝即位后，对刘章心怀不满，故意压低其功劳，使其位居周勃、陈平之后，封王一事也不了了之。文帝即位一年过后，分封诸子，才顺带分别立刘章、刘兴居为城阳王、济北王，他们封地的土地远不能和赵梁相比，而且都从齐地中割出。

刘章因为大功不得赏而忿恚不已，就国一年后郁郁而终；文帝三年（前177年），济北王刘兴居起兵叛乱，首开西汉时期王国武装反抗朝廷之先例。文帝派兵镇压，叛军顷刻瓦解，刘兴居被俘后自杀。

刘邦有八子，三子早死，为吕后所杀，唯文帝与淮南王刘长尚存。刘长是赵姬所生。汉高帝十一年，淮南王英布反叛，高帝率大军亲征，击灭英布，当即立刘长为淮南王。刘长自以为是文帝的弟弟，与文帝关系最亲，在国骄纵不法，文帝一次次予以宽恕，他却更加肆无忌惮。

刘长与文帝去打猎时，公然坐在皇帝的车上，不时称文帝为"大兄"。刘长身强力壮，力能举鼎。刘长痛恨辟阳侯审食其，发誓一定要杀掉审食其。原来高祖八年，刘邦路过赵国时，赵王派一位美人侍候。高祖刘邦走后，赵王发现美人已怀孕，就另外修筑宫室让她居住。不久高祖因贯高谋反一事下令逮捕赵王全家，美人亦未幸免，被拘留在河内狱中。美人的弟弟赵兼通过审食其报告吕后美人已有刘邦骨肉一事，吕后因忌妒不愿告知高祖，审食其也不敢坚持。那位美人就是刘长的母亲，她生下刘长后，见仍未得到皇帝承认，便忿恨自杀了。刘长封王后，认为审食其当初没有尽职力争，对自己母亲的死负有责任，就蓄谋杀掉他。

文帝三年，刘长入京朝拜，袖藏铁锤往拜审食其，乘其不备将其锤杀。当朝大臣在光天化日下为亲王所杀，此事引起朝野震惊，但刘长声称是"报母之仇，为天下诛贼"，历数辟阳侯罪三，文帝只好不予追究。

当时，上至薄太后，下至太子、大臣都害怕刘长。刘长锤杀辟阳侯未被治罪，归国后更是目中无法，不守规定的礼仪。在国中招纳四方游士，包庇在汉犯罪者，又自请让国博取声誉，自高于文帝。

文帝实在是没办法，就让自己的舅父薄昭以长辈的身份给刘长写了一封措词严厉而恳切的信，劝他改过自新，好好做事。刘长接信后很不愉快，不但不听劝告，还打算起兵作乱。准备用40辆车装载武器，在长安西北的谷口作乱，还派人与匈奴、闽越联系。

世上没有不透风的墙，阴谋暴露后，刘长的王位被废，参与作乱的人全被处死，刘长被遣送蜀郡严道，在车中绝食自杀。淮南王死，百姓作歌以刺文帝，曰："一尺布，尚可缝，一斗粟，尚可舂。兄弟二人，不相容！"

权力的争夺，总能把人的劣根性表露无遗，当自感皇权受到威胁时，各种温情脉脉的面纱立马就会被撕下，从而露出赤裸裸的剑锋来。就连以温仁宽厚著称的汉文帝也同样不能免俗，但他为了自己的统治能更加牢固、长远，更为了刘氏的江山不致断送在自己手里，也只能这么做。

5. 不念旧情：皇舅犯法，与庶民同罪

在封建社会，"家天下"观念下的统治者会让亲信来执权，一旦这些亲信有了对利益的诉求，便对统治者造成威胁。因此，当他们势力过于膨胀、倚权横行霸道、目无法纪而影响到统治者的利益时，他们的寿命也就达到了终点。

汉文帝刘恒是汉高帝刘邦的妃子薄姬所生，文帝即位后，薄姬作为皇帝的生母，被尊为皇太后。薄昭是皇太后的弟弟，也就是汉文帝的亲舅舅。文帝即位后，鉴于薄昭是自己的亲舅舅，而且年幼时对自己和母亲多加照顾，便封他为轵侯。然而，薄昭仰仗自己是皇上的舅舅，到处横行霸道，目无法纪。

文帝十年，朝廷派一名使者去见薄昭，使者只因一时疏忽，惹怒了薄昭，他便大发雷霆下令杀了使者。这个后果比较严重，按照汉代法律，杀了天子使者，就是大逆不道，罪在不赦。文帝听说薄昭杀了朝廷派去的使者，又是气愤，又是后悔。他怨恨舅舅无法无天，也后悔自己不该给他那么高的地位。可是，要处死舅舅，对于讲究"孝道"的汉文帝来说，实在是件难事。

原来，汉文帝从小被父亲冷落，戍守在边疆。舅舅薄昭从那时起，就在时为代王的文帝身边出谋划策，同生死、共患难，感情十分深厚。后来，绛侯周勃等人粉碎了"吕氏集团"，夺回了政权，派人请刘恒回朝执政。在那个政治动乱的时刻，又是薄昭冒险进京，探明实情，保驾刘恒登

基。文帝一想到这些便不忍心下手。

　　然而，汉文帝又想，若不处死舅舅呢，岂不是纵容他胡作非为，很难再取信于民。更严重的是还会带来外戚当权的后果，有可能使吕氏篡权的悲剧重演，到时好容易刚刚稳定的刘氏江山又要改姓薄氏。汉文帝思前想后，终于下定决心，要依法处置舅舅，稳定刘氏江山，维护自己刘氏家族的利益。文帝几次都想打消杀死舅舅的念头，但一想到皇室的统治，便又坚定下来。

　　随后，文帝召见大臣们，说出了自己的想法，他们之中也有人劝文帝不必对自己家人过于认真。文帝说："王子犯法与庶民同罪，如果容忍藐视王法的权贵恣意妄为，刘家的江山就不牢靠了。"

　　大臣们见汉文帝的主意已定，便不再多说什么了。随后汉文帝把丞相张苍、大夫贾谊二人召来，要他们想个两全其美的办法，既要依法治舅舅死罪，又要保全自己的"孝"名。由此可见，汉文帝是一个非常有心计的人。

　　贾谊说："车骑将军大逆不道，依照我朝法律，理应处死。万岁若念昔日情分和功业，可将国舅召来，设酒宴共饮，席间申明大义，劝其自刎。"

　　那天，文帝便派人设宴款待了舅舅薄昭。薄昭在酒席间十分高兴，没一点想死的念头。文帝得知舅舅不愿自尽，心中十分气恼，觉得舅舅没有气节，也感到自己脸上无光。为了逼迫舅舅依法自裁，同时也是为了给那些敢于以身试法的大臣、外戚们一点颜色看看，文帝果断地下令：大臣们换上丧服，一起到车骑将军薄昭家中哭丧。

　　于是，在丞相张苍的率领下，大臣们换上了丧服，排着队伍，由吹鼓手在前面开道，吹吹打打直向薄昭府第而来。薄昭知文帝决心已定，不可更改，只好拔剑自刎了。

　　汉文帝依法处死了舅舅，不仅严明了朝廷的法度，而且在这之后的若干年中，那些骄横的大臣、外戚们很少有敢闹事的，从而有效地防治了外戚专权，巩固了刘氏的江山，维护了刘氏家族的利益。

6. 安抚南越与匈奴：维护四周边境的安定

汉文帝即位以来，为谋求边境的安定，一直采取隐忍的和亲政策，避免了许多战争的爆发。

南越，是中国古代对南方少数民族聚居地区的统称，一般指五岭以南、南海以北的这片土地。南越地区正式进入文明社会是在秦朝时期，但是秦朝在南越地区的统治并不稳固，秦王朝实行残暴的剥削政策，遭到了各族人民的激烈反抗。秦朝末年，赵佗（真定人，今河北正定）正式建立了南越国，自称南越武王。

汉文帝即位后，对四夷诸侯实行怀柔政策，示以友好，不愿发生兵戈之扰。

对于赵佗，在真定老家为其修葺先人墓，还给其本家兄弟安排官职。文帝派使者告谕各诸侯国和四方各少数民族，首先表示对南越王的问候，介绍汉王朝自高祖刘邦、吕后、惠帝的演变过程和文帝刘恒自己的即位经过，现在国家已经恢复正统，愿与各诸侯部族相安往来。同时，严肃批评赵佗在长沙一带用兵滋事。文帝说，本来可以用兵南越，但是，"高祖当年承认南越王，允许你管辖长沙以南。我没有理由擅自变更。希望捐弃前嫌，着眼将来，向我大汉称臣。"

赵佗叩首领旨，连连谢罪，表示服从大汉皇帝，永为藩臣。赵佗派人犒劳在南方和南越相持的汉军，并请求汉军将领周灶代向汉文帝上书，帮他寻找内地的同门兄弟，还请求文帝撤回驻扎在长沙国监视南越的大量军队。

从那时起，赵佗一直称臣，派使节入朝。然而，赵佗并没有真正遵守诺言，在南越依然使用皇帝称号。但一旦汉室过问或者派使者入朝，又表示自己尊奉汉天子，位同诸侯。

北方的匈奴一直是困扰西汉边境的一大问题，自从汉高祖实行和亲以来，汉匈之间避免了许多战争的发生。但是在文帝的时候，匈奴还是不断入侵汉朝的边境地区，掠夺当地居民的财物和牲畜，屠杀汉朝的地方官吏和守卫士兵。

汉文帝为了谋求边境的安定，一直采取隐忍的和亲政策。汉军只守不攻，尽量避免大动干戈，但匈奴却不守信约，一再犯边，文帝也是无计可施。这时文帝手下的政论家晁错提出了一条非常好的建议。晁错是西汉颍川郡人，家境充实，年轻的时候到轵县跟随很有名气的学者张恢学习。晁错学习非常用功，而且能活学活用，张恢就推荐他到朝廷做官。晁错通晓文献典故，做事灵活而且有见解，仕途很顺当，不久就做了太常掌故。

晁错针对匈奴悠忽不定的侵扰，认真分析了两国的基本形势，然后上书建议文帝在边境地区建立城邑：招募内地人民迁徙边地，凡是迁徙之人，国家给予相当补助，以维持他们在边境地区的基本生活。对于愿意迁徙的百姓，有罪的可以免除其罪，无罪的则授予爵位，或者免除徭役。边境所建立的城邑，不宜过大，否则难以组织；也不宜过小，否则难以阻止匈奴的进攻，一般都保证相当的规模。国家鼓励边境居民同匈奴作斗争，能夺回被匈奴所抢财物的人，政府将其中的一部分奖励给他们。

鉴于迁民实边最大的好处在于国家无动乱之苦，百姓无侵扰之灾，边民以自保而利于自身，从而利于国家，文帝便欣然接受了晁错的建议。

这一措施实施后，收到了良好的效果。经过几次战斗之后，汉文帝吸取了教训，大力发展养马事业，他在边地设立马苑三十六所，建立了专门的政府机构，使用奴婢三万余人，饲养马匹三十余万匹，大大壮大了军队的力量。文帝还下诏鼓励民间养马，成绩突出者，还给予许多奖励。文帝的各项措施为缓和及解决匈奴侵边问题，创造了良好的条件。

第四章 子承父业 景帝刘启

　　刘启（前188年—前144年），西汉第四代皇帝。高祖刘邦之孙、文帝刘恒之子，母窦姬。公元前179年被立为太子，母窦姬为皇后。文帝病逝后，32岁的刘启即位，在位16年。谥号"孝景皇帝"。汉景帝刘启在西汉历史上占有重要地位，他继承和发展了其父汉文帝的事业，与父亲一起留下了"文景之治"的美誉；又为儿子刘彻的"汉武盛世"奠定了基础，完成了从汉文帝到汉武帝的过渡。

1. 无为而治：清静恭俭，国泰民安

景帝即位后，奉行文帝的治国方针，维护民安，使当时社会经济稳定地向前发展，呈现出国泰民安的太平之景。

景帝即位后，奉行文帝的治国方针，保持安定局面，发展生产，休养生息。为了达到这一目的，他对内采取重农、薄敛、轻刑和教化的措施，对外则采取和亲匈奴的措施。

景帝说："农，天下之本也。"因此，他多次下令郡国官员以劝勉农桑为首要政务。此外，景帝还宣布允许人民迁徙到土地肥沃、水源丰富的地方从事垦殖。景帝以前的田租常制是"十五税一"，即交纳收成的十五分之一；景帝将其改为"三十税一"。景帝曾两次下令禁止用谷物酿酒，还禁止内郡以粟喂马。

景帝时期，对农民的剥削（赋役）、压迫（法律），较以前有所减轻。所谓约法省禁，就是法令要简约，刑网要宽疏。前元元年（前156年），景帝即位伊始就颁布了诏令"令田半租"，即上文介绍的"三十税一"。从此，这一新的田租税率成为西汉定制。景帝为了与民休息和发展生产，在位期间很少使用劳力。除为自己修建了规模不大的陵墓阳陵外，基本上没有兴建其他土木工程。

在法律上，景帝实行轻刑慎罚的政策。文帝时的笞刑经过景帝的几番更改后，使很多犯人免死于刑下。另外，景帝还多次大赦天下，对文帝废除肉刑改革中的一些不当之处进行修正。景帝强调用法谨慎，并提醒法官不可"以苛为察，以刻为明"，如果犯人有不服或冤屈，必须重新审判。

景帝时期，由于社会经济的恢复及发展已达到相当的程度，所以统治阶级上自景帝，下至郡县官都逐渐重视文教事业的发展。其中最有名的便是文翁办学。文翁，庐江郡舒（今安徽庐江县西南）人，景帝末年被任命为蜀郡太守，他创办了中国历史上第一所地方官办学校——成都学馆。

在思想领域，景帝奉行无为而治的思想，学术上则对诸子采取兼容并蓄的态度，允许各家争鸣。景帝在崇尚黄老道学的同时，也很注重儒家的教化作用，为儒家设立了不少博士官，大大推动了儒家的影响。

外交上，景帝继续采取汉初以来与匈奴和亲的政策。尽管汉匈和亲，但匈奴一方还是时常小规模地入侵汉境。对于匈奴的入侵掠夺，景帝从维护汉匈和好的大局出发，总的来说，是有战有和，但和多战少。

当然，景帝并不是一味妥协，也对匈奴进行了必要的抵御。在不多的反击匈奴的战斗中，涌现出了一批卓越的将领，其中尤以"飞将军"李广最为突出。李广，陇西成纪（今甘肃庄浪西）人，他的先祖李信是秦国名将，所以李广堪称将门之后。

景帝除了支持李广、程不识等边将对匈奴进行抵抗之外，从未主动出兵反击，最多只是增调部分骑步兵屯守防御。为了维护汉匈和睦关系，景帝还在汉匈边界设置关市，互通有无，大大促进和便利了汉匈之间的经济文化交流。这种宽厚的对匈政策，保证了汉朝社会的安定局面，对人民的休养生息起到了很大作用。

景帝在位期间，社会经济稳定发展，人民生活安定。这段时期与文帝时期在历史上合称为"文景之治"，是西汉王朝的太平时代。

2. 当仁不让：成功平叛，稳固皇权

　　景帝专注于中央集权问题，诸侯国因为这一问题而发动了一场战争，景帝着手成功解决了王国问题，稳固了皇权。

　　西汉的诸王国问题由来已久，追根溯源则在于高祖刘邦。刘邦大封同姓子弟为王，企图以家族血缘关系来维持刘氏的一统天下。但是，刘邦所分封的同姓诸王，人口众多，土地辽阔，占据了西汉整个疆土的一大半，大大超过了朝廷所保留的十五郡的土地和户口，形成了尾大不掉的局面。这样一来，受封的同姓诸王逐渐形成了割据状态，朝廷与诸王国的矛盾也就日益加深。

　　汉景帝即位后，汉初分封的刘姓诸王，与皇帝的血统关系逐渐疏远，在政治上也并不可靠，诸王对朝廷的威胁日益严重。晁错是西汉颍川人，他家境殷实，从小刻苦学习，而且能活学活用，在张恢的推荐下到朝廷做官，后被提拔为内史，接着又升任为御史大夫。得到提拔后，晁错立即向汉景帝上书《削藩策》，极力主张削弱地方王国势力，以维护汉王朝的统一。

　　景帝接受晁错所上的《削藩策》，下诏削掉了几个诸侯王的领土，把吴王刘濞（刘邦兄刘仲之子，吴王刘濞开铜矿，铸"半两"钱，煮海盐，设官市，免赋税，于是吴国经济迅速发展，刘濞的政治野心也开始滋生）的会稽郡给削掉了。景帝的削藩政策激起了诸王的强烈反对，吴王刘濞首先与齐悼惠王刘肥的几个儿子联络，以"诛晁错、清君侧"的名义，共同

起兵，反叛中央，随后又与楚、赵、淮南等国通谋。他杀死了吴国境内中央政府所设置的二千石以下的官吏，和楚王刘戊、赵王刘遂、胶西王羽印、济南王刘辟光、淄川王刘贤、胶东王刘雄渠分别起兵。就这样，景帝三年（前154年），爆发了以吴王刘濞为首的七个诸侯王国的叛乱，史称吴楚之乱，或"七国之乱"。

刘濞发难后，与楚军会合，组成吴楚联军。随即挥戈西向，杀汉军万人，颇见军威。梁王刘武（窦太后的幼子，景帝的弟弟）派兵迎击，结果梁军大败。

叛乱的消息传到长安后，景帝准备以武力抗击，但他内心却摇摆不定，这给了与晁错成见颇深的袁盎以可乘之机。袁盎原为吴相，与刘濞关系甚密。袁盎对景帝说："方今之计，独有斩错，发使赦吴、楚七国，复其故地，则兵可毋刃血可俱罢。"景帝为换取七国罢兵，情急之下听了袁盎的话，表示"不爱一人以谢天下"，因此把晁错残忍地杀死，随后又族诛。

景帝诛晁错，去除了七国起兵的借口，然而七国仍不罢兵，这进一步暴露出其反叛的面目。景帝后悔莫及，终于决定以武力平息叛乱。他立即派中尉周亚夫（绛侯周勃的次子）为太尉，率36位将军迎击吴楚叛军；又派曲周侯郦寄击赵，将军栾布率兵解齐之围；并命窦婴（窦太后堂兄之子）为大将军，守荥阳督战。汉军很快平定了七国之乱，吴王濞逃到东越，被杀。

七国之乱是西汉中央与诸侯王国间的一次关键性的战争，仅仅三个月就胜负分明。七国失败后，形势发生了巨大的变化。景帝抓住这一有利时机，着手解决王国问题，以加强中央集权。首先参与叛乱的七国，除保存楚国另立王外，其余六个皆被废掉。随后，景帝下令取消了诸侯王的治民之权，只"衣食租税"，又减缩王国的政权机构，降低王国官职的等级，裁剪了官吏，王国内的各重要官员都由中央任命，政事由中央处理。从此，诸侯王国虽仍存在，但诸侯王只能衣食王国的租税，不能过问政治，成为有爵位而无实权的贵族。至此，西汉王朝中央集权显著加强，国家统一的局面真正获得了巩固。

3. 周亚夫被杀：功高震主，惹来杀身之祸

在封建社会，一些位高权重的臣子倚仗自己手中的功劳，对君主不甚恭敬，结果为自己招来了杀身之祸。

周亚夫力挽狂澜，仅仅用了三个月就平定了七国之乱，为此他很受汉景帝的器重。景帝前元七年（前150年），周亚夫升为丞相。周亚夫是个有勇有谋的武将，可政治上的纵横捭阖却不是他的强项，丞相这个位置让他在国家大政上和景帝产生了许多分歧，直接影响了君臣关系，最终被景帝疏远而以"死后想谋反"的罪名被判入狱，最后因绝食而饿死在狱中。

周亚夫任丞相的当年，正赶上景帝想要废掉太子刘荣，周亚夫却极力反对，惹得景帝很不高兴。之后，景帝的生母窦太后要封景帝的皇后王氏的兄长王信为侯，景帝就和周亚夫商议，想让丞相给自己一个面子。但周亚夫却板着面孔以"非刘氏家族的人不能封侯，非立功者亦不能封侯"为理由，极力反对景帝。景帝听后，无话可说。这回周亚夫一下子得罪了太后、皇后、国舅，景帝也由此开始讨厌周亚夫。

后来，匈奴王徐卢等五人归顺汉朝，景帝非常高兴，想封他们为侯，以鼓励其他人也归顺汉朝，但周亚夫又反对说："如果把这些背叛国家的人封侯，那以后我们如何处罚那些不守节的大臣呢？"景帝听了很不高兴："丞相的话迂腐不可用！"然后就将那五人都封了侯。周亚夫感到很失落，就托病辞职，景帝批准了他的要求。

不久，景帝又把周亚夫召进宫中设宴招待，想试探他的脾气是不是

改了。在宴席上，景帝故意让人在他的面前不放筷子，周亚夫非常恼怒，大声呵斥，向管事的要筷子。景帝笑着对他说："你想要什么？难道这还不能让你满意吗？"周亚夫羞愤不已，不情愿地向景帝跪下谢罪，景帝刚开口说"起"，话音未落，他就马上站了起来，自己走了。景帝叹息道："此人这么狂傲，等我死后怎么能放心这样的人来辅佐少主呢？"

这事刚过去，周亚夫又因事惹祸，这次是因为他的儿子。儿子见他年老了，就偷偷买了五百甲盾，准备在他去世后发丧时用，当时，甲盾是禁止个人买卖的。周亚夫的儿子给佣工期限少，又不想早点给钱，结果，心有怨气的佣工就告发他私买国家禁止的用品，是想要谋反。景帝派人追查此事，以"死后要谋反"的罪名把周亚夫打入监狱。

周亚夫受此屈辱，无法忍受，开始差官逮捕他时就要自杀，被夫人阻拦，进了监狱之后，他感到难以忍受，于是绝食抗议，五天后，吐血身亡。

后人在称赞周亚夫治军有方的同时，也为他不能颐养天年而感到惋惜。周亚夫方有余而圆不足，性情过于耿直，对皇帝不够尊重，结果导致悲剧结局，确实令人慨叹。

4. 争太子：母为子争，明暗相斗

　　封建统治者因家族内部利益产生争夺，明争暗斗是常见的，各人为了自己的利益，不惜手足相残，骨肉相煎。

　　封建时代，太子的废立将导致统治集团权力的重新分配，各种矛盾可能在此时突然爆发，所以这是君主政体最薄弱、最危险的环节。景帝从登基那天起就无时无刻不在考虑身后的储位问题，他一生共有13个儿子，却没有一个嫡出。原来，景帝的正妻薄皇后（薄太后的娘家孙女，在景帝做太子时由薄太后指定包办的）始终未生一男半女，这便引起了宫廷内部觊觎储位的各方势力激烈的明争暗斗。明争的主要是窦太后，一心想立幼子梁王刘武为太子。暗斗的是后封为皇后的王夫人，想立自己的儿子刘彘为太子。

　　窦太后（公元前？—前135年）名漪，清河郡（今河北清河）人，吕后时被入选进宫。吕后挑选一些宫女出宫赏赐给诸侯王，窦姬被选中去了代国。代王刘恒非常喜欢她，先与她生了女儿刘嫖，后又生了两个儿子：刘启和刘武。

　　刘恒原来的王后生了四个儿子后去世。等到刘恒成为汉文帝后，原王后生的四个儿子也相继病死。这样在文帝即位不久，窦姬就被封为皇后，长子刘启立为太子，女儿刘嫖封为馆陶长公主，幼子刘武先封为代王，后封为梁孝王。

　　窦太后生大儿子刘启时难产，差点要了她的命。为此，窦太后不太喜欢大儿子刘启而喜欢小儿子刘武，对刘武宠爱有加，并认为刘武不仅谦德谨让，孝道为先，而且有雄才大略，以后能安邦定国。等刘启做了皇上以后，窦太后就非常希望刘启能同意百年之后由弟弟梁王继承皇位。

窦太后把这个意图当面告诉了景帝。景帝非常孝敬母亲，为了不伤母亲的心，就说："等和大臣们研究以后再做决定，我没什么意见。"后来，景帝在一次朝会上专门讨论这个问题，大部分臣子表示不赞成，认为应该传位给景帝自己的儿子。散朝后，景帝很无奈地对母亲说："这事先放放再说吧，我尽量满足您的意思。"

在七国之乱爆发前夕，梁王刘武作为诸侯王由封国入长安。当时汉景帝还没有立太子，在款待梁王的宴会上，大家都很高兴。出席宴会的有景帝、窦太后、梁王及一些大臣。酒过三巡，菜过五味，景帝双手搂住梁王，嘴里念念有词："我千秋万岁之后，将皇位传于你。"梁王心里明白这是景帝一时说的醉话，但心中还是暗暗庆幸，他认为君无戏言，而且在场的文武大臣都听到了。窦太后听了自然很高兴，错误地以为这是景帝为立刘武为储王而在大臣之间做政治铺垫。这时窦后的从侄窦婴（大将军，封为魏其侯）一本正经地说："天下者，高祖天下，父子相传，汉之约也，上何以得传梁王！"景帝便起身看了窦婴一眼，接着眼睛半睁半眯，默然无声，装着喝醉的样子，身子摇晃、站立不住。结果，这事又不了了之。窦太后由此对窦婴心生憎恨。

景帝前元七年（前150年）十一月，景帝废掉了七国之乱后所立的太子刘荣，窦太后一见机会来了，又劝景帝立梁王为储。还有一次，窦太后、景帝、梁王三人在酒宴上，窦太后以殷代兄弟相传的例子告诉景帝一定要把皇位传给梁王。景帝答应了，酒宴结束，汉景帝专门召集大臣们继续商议这事，袁盎就讲了春秋时代宋国哥哥把皇位传给弟弟，最终酿成内乱的史实，希望景帝能够引以为戒。后来，袁盎亲自拜见窦太后，把春秋时代宋国的故事重复了一遍，动之以情，晓之以理，窦太后才最终取消了以梁王为储君的念头，并且让梁王回到封国。窦太后在梁王立储这件事上干政，以失败告终。

暗斗的主角是汉武帝的母亲王夫人（后封为皇后）。王夫人，槐里（今陕西兴平县境）人，父王仲，生母为臧儿。兄弟王俗、田蚡、田胜，妹王媭。王夫人曾嫁人并生一女名金俗，其母富贵，遂将王夫人姐妹俩送进刘启的太子宫。

王夫人入宫后给刘启生下4个孩子，一龙三凤，前3个均是女孩，分别被封为平阳公主、南宫公主和隆虑公主，而龙胎，就是后来著名的汉武帝刘彻。

刘彻本名刘彘，虽是汉景帝的儿子，但他既非长子，母亲也不是皇后，太子之位落到他头上，完全是宫廷斗争的结果。

景帝的姐姐馆陶公主刘嫖生有一女，姓陈，小名阿娇。刘荣被立为太子后，馆陶公主就去和刘荣的母亲栗姬商量，想亲上加亲，把阿娇许配给太子为妃。没想到竟遭到栗妃的一口回绝，馆陶公主又羞又怒，从此与栗姬结下了怨恨。

王夫人机敏圆滑，趁机就凑了过来，当馆陶公主刘嫖想将比刘彻大四岁的女儿阿娇许配给刘彻时，刘彻之母王夫人见长公主地位崇高，在窦太后跟前说一不二，就满心欢喜地答应下来。

从此两个女人结为一党，王夫人答应让儿子刘彻将来娶阿娇为妻，馆陶公主则力争废刘荣而立刘彻为皇太子。

一次，馆陶公主带着阿娇进宫觐见景帝，正好王夫人和刘彻也在，馆陶公主就问刘彻："儿愿娶妇否？"刘彻笑笑不回答。馆陶公主故意指着一名宫女问："此等人为汝做妇，可合意否？"刘彻摇头不悦。再问："阿娇好不好？"刘彻回答说："若得阿娇为妇，当以金屋藏之。"这就是"金屋藏娇"典故的由来。

自从景帝答应了刘彻和陈阿娇的婚事，馆陶公主便开始起劲地在景帝和窦太后面前诽谤栗姬心狠手辣，不让她做皇后（皇后薄氏因无嗣被废）。景帝听后，大为惊怒，怕又要重演吕后谋害戚夫人的悲剧，于是决定废黜栗姬和太子刘荣。

景帝七年（前150年）正月，废刘荣为临江王。当年四月，封王夫人为皇后，立胶东王刘彻为太子。隔了不到两年，刘荣在临江封国内因为侵占文帝庙址造宫殿，被告发后捕入长安，他受不了酷吏的折辱，自杀身亡。

太子是仅次于皇上的第二号人物，因此太子的立废牵动着整个国家的视线，也是统治集团内部明争暗斗的集中体现。刘荣的立与废就说明了这个问题。

5. 郅都被杀：一生公忠清廉，只因得罪窦太后

在封建社会里，皇族的权力之争极为严重，为此，忠臣们屡屡成为替罪羊。即使一生忠心于国家，但最终也可能会因得罪皇族而惨遭不幸。

郅都是河东大阳人，文帝时以郎官入仕，长期在宫廷护卫皇帝，景帝时郅都迁为中郎将，以直言敢谏闻名。

郅都执法严明，不畏权贵，很多皇亲国戚都被他整得服服帖帖，是有名的酷吏。景帝需要一个绝对忠心又不畏权贵的人，于是就让郅都出任中尉一职。

太子刘荣被废为临江王，他在临江府修建宫室时竟然侵占宗庙土地，因此被传往中尉府审讯。刘荣请求郅都给他笔墨，想写信直接向景帝谢罪，遭到郅都拒绝。窦太后的侄子窦婴听说以后，派人悄悄给了刘荣一支笔，于是刘荣写信谢罪之后引罪自杀。窦婴把事情告诉了窦太后，窦太后认为是郅都逼死了临江王，将其免官放回乡里。

景帝知道郅都很冤枉，重新将其起用为雁门太守，抵御匈奴的入侵。匈奴早就听说过郅都的威名，得知他就任雁门太守，惊恐万分。郅都在雁门任太守的几年，匈奴硬是没有办法在雁门一带入侵汉境。

有一次匈奴来犯，郅都乘胜追击，拔掉了匈奴的几个哨所。郅都是刑吏出身，没有出兵的权力，除非先知会朝廷，所以他这一次触犯了军法。于是匈奴派间谍到西汉内地四处散布不利于郅都的谣言。太后早就对郅都

不满，听说此事后很生气，下令把郅都逮捕入狱。景帝也不好处理，只好下旨将他押回朝廷问罪，最后，在窦太后的坚持之下，郅都被处斩。

郅都触犯了窦太后，窦太后一定要为临江王刘荣报仇。可见，宫廷里的权贵家族之争有多么严重。

第五章　雄才大略　武帝刘彻

汉武帝刘彻（前156年—前87年），西汉第五代皇帝。汉景帝刘启之子，母为王夫人。7岁时被立为太子，16岁即位为天子，在位54年。他是中国历史上一位雄才大略、多有建树的帝王，也是一位富有传奇色彩和独特性格的帝王。

汉武帝即位之后，采取了一系列大刀阔斧的改革。一改汉初盛行"黄老之学"无为而治的作风，大兴儒术，实行学范。对内加强皇权，巩固统一；对外开疆拓土，宣扬国威。这样的文治武功，使他成为完成封建专制主义中央集权大帝国的重要人物，开创了中国历史上一个光辉时代。

1. 窦太皇太后与武帝之争：武帝失败

一位既有雄才大略又能善于用人的盛世君主，在家族之争中也可能会处于不利的地位，其实质是大权暂时没有掌握在自己手中。

汉景帝于后元三年（前141年）正月去世，16岁的刘彻即皇帝位，也就是著名的汉武帝。

汉初国力比较虚弱，统治者实行清静无为的黄老政治，这在当时的情况下是极为适宜的。到汉武帝继位时，国家经过60余年的休养生息，经济逐步繁荣昌盛，国力也已相当强大。刘姓皇朝的统治已经巩固，社会经济有了新发展，国家在繁荣的背后潜伏着尖锐的矛盾，无为而治的黄老思想，此时已不能适应社会发展的要求。

汉武帝刘彻决心解决这些矛盾。于是，他首先从招揽人才入手，于建元元年（前140年）下诏全国荐举"贤良方正"之士，并亲自召见他们，询问国策，史称"贤良对策"。

贤良对策后，汉武帝就着手进行政治改革。从小深受儒学影响的武帝开始实施新政：他首先罢免了丞相卫绾，让魏其侯窦婴接任其丞相职务。又让母舅田蚡做太尉，掌管军队。窦婴和田蚡都喜欢儒术，他们又向汉武帝推荐了儒生出身的赵绾做御史大夫，王臧做郎中令。赵绾和王臧又推荐自己的老师、《诗经》博士申培改革祭礼、研究明堂制度。汉武帝派人用蒲车和礼物聘迎申培到长安做太中大夫。

雄心勃勃的汉武帝决定与这些儒臣合作干一番大事业，进行政治改革，推行多方进取的政治措施。当时朝廷面临的第一个政治隐患，是郡国富豪实力日益强大，直接影响到了朝廷政令的推行。汉武帝为严格法制，诏令臣下检举那些行为不轨的皇亲国戚，如果情况属实则予以贬职。为了抑制、打击诸侯王，武帝坚决采取迁徙郡国豪富的措施，下令居住在长安的王侯迁回自己的封地去；他有时还召来诸侯王的部下，迫使他们检举诸侯王的罪过。诸侯王们为此惶惶不可终日。

接着，汉武帝又施行了一些减轻负担的措施，如年满80岁的老人，他家里免除两个人的口算钱；年满90岁的老人，还免除家里的口赋钱，并免除一个儿子服役；废除关卡的税收制度；停止喂养苑马，将苑地赐给贫民耕种；减省"转置迎送"的卫士10000人等。他还施行恩德，振兴教化；继而又设明堂，起草巡狩、封禅制度，准备变更历法和服色，顺利进入太平盛世。

但此时朝中大权仍操纵在"好黄帝、老子言"的窦太皇太后手里。窦太皇太后自文帝时就被立为皇后，在宫中可以说是地位高、权势大，武帝自然是得让她三分。窦氏一族有三人封侯：兄窦长君早死，其子窦彭祖封为南皮侯；其弟窦少君封为章武侯；其侄窦婴，任命为大将军，封为魏其侯。窦氏家族在朝廷的势力很是庞大，恃宠怙势，为非作歹，遭到检举和贬谪的人很多，窦氏列侯的夫人们多是公主，他们在京城的势力盘根错节，都不愿回到封地去。这些皇亲国戚们不断到他们的总后台窦太皇太后那里去告状，诽谤新的政治措施，另外加上窦太皇太后本人"好黄帝、老子言"，不喜欢儒家思想，因此，窦太皇太后极力反对新政。为此，在朝中，以窦太皇太后为核心形成了一个思想上和政治上的反对集团，钳制了汉武帝的新政。

建元二年（前139年），御史大夫赵绾上书说："现在皇上已经继位，请太皇太后不要再干预国政，把大权都交给皇上吧！"这等于是取消窦太皇太后的特权，窦太皇太后大发雷霆，立刻让汉武帝废除新的政治措施，罢免丞相窦婴和太尉田蚡，关押御史大夫赵绾和郎中令王臧，赵绾和王臧后来在狱中被逼至死。汉武帝的新政措施被迫中断了。继任丞相、御史大夫、郎中令职务的分别是许昌、庄青翟和石建，他们都是窦太皇太后的人，并且不是儒士。此时政权基本上操纵在窦太皇太后手中，汉武帝无可奈何，只有等待时机。

这件事表面上是赵绾和窦太皇太后之间的斗争，实质上是被儒家思想武装起来的武帝与极好"黄老"思想的窦太皇太后之间的斗争，这一回合窦氏家族赢了，表明当时朝政大权掌握在窦太皇太后手中。

2. 思想上：独尊儒术，罢黜百家

随着皇权的加强，经济实力的增强，疆域的扩展，汉武帝认为有必要加强思想上的统一。不同于采用焚书坑儒等强制性手段的秦始皇，汉武帝悉延（引）百端之学，形成了以儒家思想为统治思想的同时，又兼用百家的格局。

公元前135年，身历四朝的窦太皇太后去世了，时年22岁的武帝独揽朝中大权。从此，汉武帝终于告别了政治的"禁锢期"，开始施展自己的伟大抱负。

汉武帝招贤良对策，儒家学派代表人物董仲舒被召见，接受武帝策问。董仲舒在《天人三策》一文中系统提出了"罢黜百家，独尊儒术"的主张，认为只有"罢黜百家，独尊儒术"，把天下之人的思想统一在儒家思想范畴之内，才能使法纪统一，人心统一，行动统一。另外，董仲舒还提倡"君权神授"和儒家专政。

董仲舒的这些主张，是从维护统治阶级的长远利益出发的，不仅有利于封建专制统治的长治久安，而且为汉武帝统一思想、集权中央、一统天下提供了充分的理论依据，因而被汉武帝采纳。这是汉武帝登上历史舞台后做的第一件影响深远的大事，是武帝为实现其政治抱负所奠定的思想基础，对统一思想、统一舆论、巩固国家政权、稳定国家起了重大作用，同时也对传播先进文化有着巨大的历史作用。从此以后，儒家思想成了中国社会的统治思想，对后世中国的政治、社会、文化等方面产生了深远的影响。

为了满足西汉王朝庞大的官僚体系对官吏的需求，汉武帝采纳了董仲舒的"求贤"建议，网罗人才，重用具有真才实学之士。公元前140年，武帝怀着"任大而守重"的使命，下诏全国荐举"贤良方正"之士到朝廷接受策问，一次就由各地推荐上来100多位人才。武帝实行察举制与考试相结合的选官制度，令郡国每年举一次孝廉，每次各举一人；察举的科目除孝廉外，还有茂才、贤良方正、贤良文学、明经、明法等。

在完善察举制的同时，汉武帝还建立了征召制，把那些具有才能而又不愿出仕的社会贤者、隐居高士、学者名流征召入朝，为朝廷服务，如文学家枚乘、儒学大师申培等均在此列。"贤良对策"后，汉武帝接受董仲舒的建议，兴建太学，设五经博士，把教育与选官有机结合起来，定期向朝廷输送文官。

汉武帝下令太学完全用儒家"五经"为课程，教师聘请儒学博士担任，办学事宜全由丞相公孙弘主持。太学的设置首开中国历史上"学而优则仕"的正规途径，适应了国家培养官吏的需要，所以发展很快，武帝时，太学的五经博士弟子仅50人，西汉末年则达到一万人。

汉武帝还号召在郡国兴办地方学校，推广蜀守文翁在蜀郡兴立地方学校的做法，"令天下郡国，皆立学校官"。这样，儒学便成为士人进身阶梯，天下士人为进入仕途，纷纷统一到儒家思想中来，用儒学思想武装起来的人才，也因之成为封建专制中央集权最得力的拥护者。太学和地方学校的创办，极大地提高了官员们的文化素质。

汉武帝还是中国历史上第一个使用年号的皇帝，他以当年为元鼎四年，并将此前之年追改为建元、元光、元朔、元狩，每一年号均为6年。汉武帝也是中国第一位在统一的国家制度下颁布历法的皇帝。其主要内容是：改用"太初"历，"以正月为岁首，色上黄"。"太初"的意义是宇宙的开端，武帝以此命名这部历法，象征太初年间的"改元更化"。

上述制度变革都是汉武帝提倡儒术的具体表现，并且通过这些措施将儒家思想渗透到政治、法律、教育以及社会生活各个领域中去，以巩固其统治。

3. 政治上：推恩削藩，裁抑相劝

　　削藩、剪除贵族豪强、加强中央集权、官营盐铁，是汉武帝政治统治上的关键措施。

　　经过汉初几代君臣的苦心经营，虽然到武帝时社会经济呈现出繁荣兴旺的局面，但政治上依然是隐患重重。

　　登上皇位之后，武帝最不能忘的是帮助他顺利登上皇位的几位至亲。他先封母亲为皇太后，窦太后为太皇太后，又封长公主刘嫖的女儿阿娇为皇后，入主中宫，实现了他小时候"金屋藏娇"的诺言。

　　建元六年（前135年），窦太皇太后病死。汉武帝立即任命田蚡为丞相，韩安国为御史大夫，从此开始了一系列改革，全面推行多方进取的政治措施，以加强中央集权。

　　汉武帝继位之初，所用丞相大多为开国功臣，位高权重，权力往往超过皇权，直接影响着皇上的统治。为此，他便逐步进行改革，目的是削弱相权，强化皇权，最终加强中央集权。

　　窦婴是窦太后的侄子，在景帝时就已经进入国家权力中枢，以窦太后亲属的身份为大将军领军平叛七国之乱，立有大功，因此受封为魏其侯，权倾朝野。当时，武帝母舅田蚡只是一个郎官，对窦婴极力巴结，说话、敬酒时总是跪着，恭敬如父。为此，窦婴对他也全力栽培。窦太皇太后死后，窦婴失势，以侯爵的身份闲居在家。这时，只有曾任过中郎将和燕国之相的灌夫仍然和他要好。

　　建元六年六月，武帝任命武安侯田蚡为丞相。田蚡五短身材，相貌丑陋，为人奸诈贪鄙，本属缺德少才无功之徒，仅仅因为是王太后的弟弟而受封为侯，窃据相位。由于有王太后这个政治和权力背景，又结交了许多诸侯来扩大他的权力基础，所以田蚡的权势得以渐长，百官都对他趋炎附势。

　　田蚡自恃有王太后为靠山，非常骄横奢侈，大量接受公卿百官、诸侯、郡县的贿赂，家中的金玉、美女、狗马、古玩器物，不可胜数。他建有最豪华的宅第，占有最肥沃的田园，每天去各郡县购买物品的车辆，络绎不绝。他所进言的政事，都是出于他豢养的宾客之谋。田蚡每次进宫奏事，总是夸夸其谈，所奏之事不准不罢休，一说就是大半天，因而他的奏请，武帝往往不得已才采纳。田蚡还独揽任官除吏的大权，根本不把年轻的皇帝放在眼里，他所推荐的人，有的甚至从平民一下子便做到二千石的高官。武帝对此极为反感，一次，田蚡又拿来一大串任官的名单，武帝终于忍不住说道："你要任官的人有没有个完？朕也想要任命几个呢！"

　　田蚡为相后，不再把窦婴放在眼里，反过来还要夺取窦婴的田地。灌夫是一个军功卓著、性格耿直、疾恶如仇的老将军，他见田蚡如此忘恩负义，以势欺人，心中愤愤不平。在一次宴会上，灌夫借着酒劲，指桑骂槐地把田蚡大骂了一番。田蚡怀恨在心，便捏造罪名，串通王太后逼迫武帝于元光四年（公元前131年）冬，将灌夫和救护他的窦婴处死。田蚡以诛杀公卿一事进一步树立了自己的淫威。

　　田蚡害死两位大臣后不久，便得了一种怪病，浑身疼，身上如鞭子抽一般，疼得叫唤不已。侍从请来许多名医，但都诊断不清病情，急得他号哭谢罪。汉武帝和王太后听说了以后，便请来一位方士为其求神问卜，方士说："丞相曾杀害了两位大臣，是这两位大臣用鞭子在他身上狠抽，报他们的一腔怨气。"

　　田蚡一听，十分害怕，没几天就死了。

　　窦婴和田蚡的死，对汉武帝来说，是一件大好事。窦、田二人的斗争，其实也是窦氏势力和王氏势力的斗争，这是他们的最后一次冲突。在武帝来说，不论窦氏掌权还是田蚡掌权，都会成为他独裁的绊脚石。

田蚡死后，武帝再也不任外戚为相，并收回了宰相任命官员的权力。元朔五年（前124年），武帝打破列侯拜相的旧制，任命没有爵位的儒士公孙弘为丞相，然后再封他为平津侯。武帝不拘一格选拔人才，彻底破除了军功贵族的特权。他不仅削弱相权，还经常对丞相谴责、黜免，甚至处死，弄得大臣们视当丞相为畏途。由此，武帝完成了他走向皇权专制统治的第一步。

刚刚继位的武帝，既要限制诸侯王实力的膨胀，防止他们对帝位造成威胁，又要利用其血缘关系来维持以自己为首的刘姓天下的统治。这时，主父偃便登上了历史舞台。

主父偃是齐国临淄（今山东淄博临淄区）人，早年学的是纵横之术，到了中年后听说汉武帝重视儒术，他才改行学习《春秋》、《周易》，因此齐地的儒生都看不起他。主父偃在家乡穷困潦倒，始终得不到地方诸侯王的重视。于是他决定直接上书武帝碰碰运气。谁知这次运气竟是出奇的好，上午将书信递进去，下午就得到了武帝的召见。武帝很欣赏主父偃的见解，任命他为郎中。

主父偃看穿了武帝的心意，向汉武帝建议说："当今诸侯王封地太大，难于控制，父子传承，会对中央政府造成威胁，如果用法律强行削减他们的土地，恐怕他们会立即反叛。如今每个诸侯都有十几个儿子，而只有嫡长子世世代代相继承，其余的虽然也是诸侯王的亲骨肉，却得不到任何封赏，长此以往，也容易引起哗变。如果命令诸侯可以推广恩德，把他的土地分割给子弟，封他们为侯，既能体现您的恩德，又可以分割诸侯王的国土，削弱他们的势力。"

武帝接受主父偃的建议，颁行"推恩令"。仅四年的时间，封侯的数目就多达121人。元鼎至武帝末年（前116年—前87年），又有44人封侯，有时一日之内甚至有24人同时封侯。

"推恩令"名义上是皇帝施以恩德，实际上是缩小诸侯王的地盘，剥夺诸侯王的政治军事权力，使之无法割据一方而对抗朝廷。经过一番推恩削藩的举措，诸侯势力进一步衰弱，中央的集权统治得到加强，基本上解决了汉初以来长期未得到解决的诸侯王势力过大的问题。汉武帝以后，虽然诸侯王国仍继续存在，但是作为一种政治势力，它已经失去汉初原有的活力了。

此外，对有罪的诸侯王，则削夺其封国。仅元鼎五年（前112年），武帝就以酎金（根据汉制，每年八月要举行宗庙大祭，王侯必须献出黄金助祭，称为"酎金"）不合规定为理由，借此削夺了106个人的爵位。

作为一位有作为的帝王，汉武帝在政治体制上开设了中、外朝，形成了两个官僚系统：一个是由大将军、尚书等组成的中朝，又称内朝或内廷，是决策机关；一个是以丞相为首的外朝，是政务机关。中朝预政是朝廷政治体制的重大改革，它加强了皇权对国家各方面的控制，而且大大精减了中央决策的内容，使工作效率得以提高，同时也便于众人对武帝意图的理解。设置十三部刺史也是汉武帝时政治上强干弱枝的重要制度。朝廷将全国划分为13个州部，每州设刺史一人。刺史由朝廷派遣，不处理一般事务，属于低级官员，但是职权很重，有权监察二千石的郡守和王国相，还有地方的强宗豪右，稍后甚至可督察诸侯王。不过，刺史在地方查明官吏的不法事实后，自己不能擅自处理，只能上报御举中丞，请求上级处理。这一措施的施行，使地方的豪强势力受到了遏制，社会趋于安定。

通过实施以上政策，汉武帝彻底解决了诸侯王尾大不掉的问题，有力地加强了中央集权，巩固了皇权，为以汉武帝为首的刘姓家族扫除了许多政治障碍，也对汉初的社会稳定做出了很大的贡献。

4.杀主父偃：妥协诸侯，巩固自己的地位

对于诸侯问题不能一味地纵容，但又不能打击过猛，为了巩固自己的统治地位，汉武帝很清楚，有时表面妥协也是避免不了的。

自从实行推恩制度以后，主父偃便成了武帝的宠臣。随后，他建议汉武帝继续向各诸侯王派驻中央命官，对诸侯王进行严厉打击，因为这是汉高祖就开始的一种制度，所有诸侯国只是敢怒不敢言。从此，国相由朝廷任命，其权力要高于诸侯王。

主父偃大量掌握着一些诸侯王的违法证据，他对此毫不客气，进行坚决打击。他首先拿燕王刘定国开刀。

刘定国是刘氏远房宗亲刘泽的孙子，刘泽因诛吕有功，文帝即位后，改封刘泽做了燕王。刘泽做了大概一年多时间的燕王就病死了，死后谥号敬王，王位传给他的儿子刘嘉，死后谥号康王。刘嘉死后，王位传给儿子刘定国。

刘定国是一个没有人伦的色鬼，他不但与父亲康王的姬妾通奸，生下一子，又霸占弟弟的妻子为姬妾，而且还与自己的三个女儿通奸。除此之外，刘定国还违法无度，杀死了肥如县令郢人。郢人的兄弟多次上书向汉武帝告发刘定国不可告人的事实。经主父偃调查，证实确有此事，民愤极大，汉武帝便处死了燕王刘定国，并且同时取消了燕国的封号，改设为郡，收归朝廷。

第二个被处置的，是齐国厉王刘次昌。

刘次昌因与姐姐通奸而被告发。主父偃上书武帝，言齐国富强然而齐王与皇帝的血缘太过疏远，又提及齐王的不伦之事。

于是汉武帝派主父偃去任齐国国相，并办理刘次昌的事情。主父偃来到齐国之后，就加紧审问齐王后宫宦官中帮助齐王和他姐姐纪翁通奸的人，宫中宦官侍女揭发了齐王大量的罪行。在政治高压笼罩下，年少的齐王，害怕自己和燕王刘定国的下场一样，就饮毒药自杀了。齐厉王死后无嗣，封国被废除而变成郡，收归朝廷。

这时的汉武帝对主父偃言听计从，视之为谋主，一时之间，主父偃的权势炙手可热。朝廷大臣不得不巴结他，贿赂给他的金钱达到数千金之多，而主父偃也都坦然接受。也有人劝说主父偃稍微收敛一下，主父偃仗着自己受宠，没有听朋友的劝说，依然是我行我素。

赵王刘彭祖是汉景帝的第六个儿子。公元前156年，刘彭祖受封为广川王，4年后改封为赵王，建都邯郸。刘彭祖是一个不肖之徒，为人奸佞，表面上谦恭温和，内心却刻薄残忍，是当地一手遮天的土霸王；而且刘彭祖贪婪成性，搜刮百姓，征税甚至比朝廷还多。他做王六十余年，采取先发制人的手段，撵国相无数，许多国相让他整得不是被诛杀就是被处以刑罚。刘彭祖生活奢侈糜烂，姬妾成群，生养了很多儿子。燕王、齐王事发之后，刘彭祖怕受制于主父偃，便先告主父偃收取贿赂一事。汉武帝听后十分生气，念在主父偃是个人才，暂时没做出处理。不久，又听说主父偃逼齐王刘次昌自杀，汉武帝再也无法忍受了，就召回主父偃并在公孙弘的建议下杀死了他。

汉武帝这样做完全是从维护自己统治的角度考虑的，他认识到皇帝与诸侯的关系必须是恩威并重，既不能无限度地纵容，任其发展；又不能打击过猛。他对诸侯问题的处理采取的是拉一拉、打一打的办法。一方面要打击他们，另一方面还要利用他们。为此，他怕主父偃继续这样做下去，激化自己与诸侯王之间的矛盾，所以出于政治考虑，杀了主父偃，与诸侯王之间表面形成一种妥协，这样他才能巩固自己的统治地位。

5. 维护专制权威和统治：杀郭解惩治布衣游侠

专制制度下，怎样才能维护统治者的权威和统治？不外乎杀一儆百。

郭解是轵县人，个子不算高，但在当地名望很高，人称大侠。郭解早年是个亡命之徒，还当过职业杀手，横行乡里，无恶不作，及至年长，思想突然发生转化，变成了一个行侠仗义之士。"路见不平，拔刀相助"，这样就吸引了不少人跟随他，在地方上形成了一股势力，给轵县的社会治安带来了很大隐患。

轵县人杨季主的儿子当县掾，出于对维护治安的需求，他决定把郭解提名迁徙到茂陵。郭解得知此事后，不惜花重金打通关节找到了卫青，请卫青向武帝求情。卫青向武帝替郭解求情说："郭解家贫，不符合迁移的标准。"武帝也是个聪明人，知道能让卫青替他托关系走后门的人，肯定不简单。于是便半开玩笑半认真地答复说："一个老百姓竟能让卫将军替他说话，可见他绝非等闲之辈，他家也应该不是很穷嘛。"就这样，武帝驳回了卫青的说请，郭解还是被迁徙到茂陵去了。临行前，郭解的那些追随者们凑了一千万钱的动迁安置费送给他，可见其在轵县当地的势力之大。本来郭解被遣送了也就没事了，可偏偏追随他的那些人不甘心，他们多方打听谁是幕后主使，终于打听到是杨县掾所为。出于报复，郭解哥哥的儿子便杀了杨县掾，后来又杀了杨季主。从此杨家与郭家结了仇。

于是杨季主的家人上书到京城告状，又冒出个郭解的追随者在宫门外把杨家告状的人给杀了。武帝听到这个消息后，非常愤怒，认为郭解的门徒敢在宫门口杀人，根本就没把王法放在眼里，气焰太过于嚣张，就向官吏下令捕捉郭解。郭解听到风声后，首先把母亲安置在夏阳，然后自己偷偷潜逃到临晋县。临晋县当地有个叫籍少翁的士绅，本来郭解不认识他，可郭解打探出籍少翁在当地也是个人物，就壮胆冒昧会见他，顺便要求他帮助出关。两人相识后，聊得很开心，籍少翁马上送郭解出关。出关后郭解跑到太原。当时追捕郭解的官吏追查到籍少翁家里，籍少翁讲义气，就自杀了，郭解的线索就中断了。过了很久，官府才捕到郭解，并彻查他的罪行。

与此同时，轵县有个儒生陪同前来查办郭解案件的使者座谈，在座的还有郭解的门客，在座谈调查的过程中，郭解的门客不停地夸郭解怎么怎么行侠仗义。这个儒生看不惯这些人的言行，便插嘴说："郭解专爱做奸邪犯法的事，怎能说他是贤人呢？"郭解的门客听到这话，事后就杀了这个儒生，并割下了他的舌头。官吏以此责问郭解，令他交出凶手，可郭解确实不知道杀人者是谁。主审官员向武帝报告案件审理过程，认为郭解无罪。主管刑罚的御史大夫公孙弘却认为应该将郭解杀掉，他说："郭解以平民身份行侠，玩弄权诈之术。他的门客因为小事而杀人，郭解自己虽然不知道，这个罪过比他自己杀人还严重。"武帝批准了公孙弘的建议，按大逆无道之罪诛杀了郭解全族。

武帝杀郭解这件事看似一件小事，可是如果继续纵容像郭解这样的人，那么就会导致地方恶势力的不断扩大，他们也就会越来越嚣张。长此以往，肯定会给中央集权造成威胁。武帝这种杀一儆百的做法，对维护中央集权、安定地方、稳固刘氏江山起到了积极的作用。

6. 外交上：开疆拓土，击匈奴通西域

汉武帝采取软硬兼施的手段治理国家，不仅解除了匈奴威胁，保障了北方经济文化的发展，同时也打通了丝绸之路，加强了对西域的统治，并发展了大一统的对外交流。

汉朝建立初期，由于国力虚弱，急需安定的环境发展生产，恢复经济，所以实行"无为"政治，采取与匈奴和亲的政策。这在一定程度上加强了汉族与少数民族之间的经济文化上的联系，为以后发展统一的多民族封建国家创造了有利条件。但同时也助长了西北边疆和蒙古高原匈奴贵族的贪婪性和掠夺性，给西汉王朝的政权造成了很大威胁，也给西汉边疆的吏民带来了很大的灾难。

从高帝到景帝，西汉王朝经过60多年的休养生息，到武帝继位时，国内经济繁荣昌盛，社会安定，兵强马壮，已经具备了足够的力量来制止匈奴入侵。

此时的汉武帝再也不愿忍辱负重，他开始制订反击匈奴的政策。由他领导的抗御匈奴的战争，持续了43年，其中最关键性的战役有3次。经过这些反击，匈奴元气大伤，一蹶不振，再也没有力量对中原进行骚扰了。

元朔六年（前123年），武帝派卫青率10万骑兵出塞追歼匈奴。在这次战役中，18岁的年轻将领霍去病脱颖而出。霍去病是河东郡平阳（今山西临汾）人，从小喜欢征战、善骑射，被提拔为侍中，受到了汉武帝的赏识。在汉匈激烈交战的时候，汉武帝任命他做骠姚校尉。汉军出塞后，

大将军卫青挑选800名精锐骑兵归霍去病指挥，霍去病率800骑兵冲杀在前，离开汉军主力，一直奔袭数百里。

这支骑兵虽小，但战斗力极强，他们找到匈奴部队后，以迅雷不及掩耳之势发起突然袭击，打得敌兵落花流水，溃不成军。在这次战争中，汉军斩敌2000多人，以少胜多，大胜而归。霍去病在抗匈战争中建立了大功，多次得到汉武帝的奖赏。汉武帝前后赐封他食邑1.7万户，并加官大司马。不幸的是，霍去病24岁那年得病死了。汉武帝十分悲痛，深为这年轻武将的英年早逝而惋惜，特意为他修建了一座仿照祁连山模样的宏伟坟墓，来纪念这位建立了赫赫战功的青年英雄。

由于汉军的英勇杀敌，西汉王朝取得了反击匈奴战争的巨大胜利，汉武帝的抗击政策取得了巨大成功，西汉建国以来的百年边患基本得以解除。匈奴被迫北迁，出现了"匈奴远遁，而漠南无王廷"的局面。汉武帝反击匈奴的战争，维护了汉朝边郡先进的农业生产，制止了匈奴贵族的野蛮掠夺和侵袭，使中国北部地区继续得到开发，边境得到安定，符合当时广大人民的利益。

汉武帝在位期间，历时三年西征大宛，使汉威震撼西域诸国，西域诸国纷纷对汉称臣，从而确立了西汉对西域的宗主地位；开拓了东北和西北边疆，使今新疆、甘肃西部开始进入中国的版图，东北地区的疆域则从今辽东半岛一直扩大到浑江、鸭绿江流域；还平定了闽越和南越的叛乱，稳定了西汉王朝对西南地区的统治；通过两次派张骞出使西域，加强了新疆一带少数民族和内地的联系。通过和亲，建立了汉朝和西域大国乌孙的联盟，开辟了西汉与康居、月氏、木夏等国的交通。

汉武帝推行抗击和"征抚"的民族政策，广开三边，拓植四方，巩固和发展了庞大的帝国，使中国的版图初具规模，并且巩固和发展了多民族统一局面，加速了民族大融合，促进了少数民族地区经济文化的发展，从而实现了他建立"大一统"帝国的伟大抱负。从此，西汉王朝进入了鼎盛时期。

7. 经济上：调整政策，重用桑弘羊

为了加强中央财政大权，抑制商人势力，汉武帝改革币制，盐铁官营，平抑物价，有效地解决了经济危机问题。

汉武帝元狩年间，出现了严重的财政困难。文景时代国库里累积起来的巨大钱粮储存，已经被连年战争消耗得所剩无几，而关东又连年水灾，治理河道和安置灾民的花销，更使中央政府财政支出捉襟见肘。

为了能够解决经济危机的问题，同时也为了跟政治上强化皇权的措施相一致，汉武帝起用了一批"兴利之臣"来进行财政改革。他一方面坚持"以农为本"的既定国策；一方面加强对国家经济的宏观调节和控制，发展国有工商矿业以繁荣经济。这时桑弘羊便登上了历史舞台。桑弘羊是河南郡洛阳人，出生于商贾家庭，从小跟随父亲学习经商理财，很早就显示出过人的聪颖和才能，能够不用筹码直接心算。桑弘羊13岁时就进入宫廷，作了汉武帝的侍中，以善理财著称。

汉初，刘邦为取得地方的支持，允许冶铁、煮盐和铸钱这三种行业在民间经营。至武帝时，最大的铁、盐商贾拥有的财富已达万金之多，严重影响了朝廷的财政收入。为此，汉武帝下令中央收回盐铁业经营权。这样，冶铁、煮盐和铸钱就成为当时最大的三项财源。桑弘羊派人到各地去巡视，清除积弊，在产盐区设盐官，雇工煮盐；又在产铁区设铁官，经营采冶铸造，发卖铁器。全国共设铁馆40多处，盐馆30多处，对盐铁实行专卖。由此，朝廷增加了巨额收入。

为了统一币制，汉武帝下令把铸币权收归朝廷，严禁地方和私人铸钱，明确了皮币、白金和五铢三种货币形式；并规定钱币由上林苑的三个工房铸造，称为三官钱。这样既保证了钱币的质量，又方便了钱币的流通。这次币制改革进行得非常成功，五铢钱通行数百年，直到曹魏时还为百姓所乐用，五铢钱也因此成为了历史上信誉最佳、通行最久的铸币之一。

为了制止豪商大贾们利用贱买贵卖、囤积居奇的手段来操纵物价，牟取暴利，并借此增加政府的财政收入，汉武帝颁布了推行均输、平准的新法，由中央统一调剂全国的运输和物价。汉武帝在各郡设立均输官，负责管理、调度、征发各郡国征收的租赋财物，向京都运送；又在京都设置平准官，统管全国运到京都的各种财物，除去朝廷所用外，作为官家平衡物价的资本，并根据市场行情卖出或买进，用于调剂有无。另外，汉武帝还颁布了算缗和告缗的命令。算缗，就是对商人和高利贷者加重征收财产税，凡不如实申报财产的，没收其全部财产并罚往边境戍守一年；有告发者，一经查实，告发者得没收财产之半，称为"告缗"。这一制度的实行，既增加了政府的收入，又可使百姓免受富商大贾的盘剥，在历史上产生了深远的影响。

汉武帝在推行经济改革的同时，还采取了一些农业方面的积极措施。他非常重视水利建设，元光六年（前129年），起用著名水利工程家徐伯主持渭渠的工程；同时，又征发万余民工修建龙首渠。他指挥修筑的水利工程有漕渠、六辅渠、白渠、成国渠、洛水渠、龙首渠等诸多工程。在兴修水利中，劳动人民发明了"井下相通行水"的井渠法，使得龙首渠从地下穿过七里宽的商颜山，成为中国第一条地下水渠。武帝也非常重视治理黄河。元封二年（前109年），他征调数万民工修治瓠子决口，亲自巡视工地检查工程，此次工程堵住了二十多年堵不住的黄河决口，此后的80年间，黄河没有发生大的水灾。

在农业上，大力推广先进的生产工具、生产耕作方式和技术。武帝时，已广泛使用铁农具，在农业生产中推广牛耕。另外，汉武帝注重农业生产技术和工具的发明改进，如试行代田法和发明播种工具；用耧车播种不但速度快，而且下种深，对于农作物生长十分有利。

由于土地兼并加剧，豪强地主巧取豪夺手段也变本加厉，因此，抑制豪强地主的发展，扶持小农经济地位，就显得尤为重要。为此，汉武帝下令将郡国豪强及资产在300万以上者，通通迁徙到茂陵。汉武帝选任一些酷吏，对那些横行郡国，作奸犯科的豪强，予以严厉镇压。武帝主要是以皇室之兼并来对付豪强之兼并，从经济上打击大搞土地兼并的新兴暴发户，以达到"强干弱枝"的目的。

上述经济政策的调整，使濒于崩溃的西汉政府经济得以恢复，为加强中央集权提供了物质基础，并保证了反击匈奴战争的胜利，还在一定程度上阻止了大土地兼并活动，取得了限制和打击诸侯王、富商大贾的效果，使流亡农民以某种方式重新与土地结合起来，其进步意义是应当肯定的。由于汉武帝加强了皇权，形成了中央集权的体制，促进了全国政令统一，因此，其在位期间，经济繁荣，西汉国力空前强大。

8. 后、妃之争：卫子夫受宠，陈皇后遭废

　　封建皇权的至高无上，使得众多皇族成员之间为了权势而明争暗斗，自相残杀，一个皇族的发展及延续，关键在于领导者的谋略和才能，看他有没有能力治理好自己的家族。

　　汉武帝即位以后，长公主的女儿陈阿娇成为皇后。随着年龄的增长，武帝的感情也随之发生了变化。他认为皇后阿娇从小生活在宫中，任性刁蛮，便把感情转移到别的地方去了。

　　汉武帝的姐姐平阳公主一眼就看穿了武帝的心思，便向他推荐了自己最得意的奴婢——卫子夫。卫子夫出身卑贱，母亲卫媪是平阳侯曹寿家的婢女，曹寿是开国元勋曹参的后代，娶武帝姐姐平阳公主为妻，因此而地位显赫。后来，卫子夫被平阳公主带到长安的公主府，教她歌舞，成了公主府的一名歌伎。

　　汉武帝对卫子夫一见倾心，遂将其带回宫中。

　　陈皇后得知此事后，非常恼火，但因自己入宫十余年而无子，也不可大吵大闹。她每天一面看着汉武帝，怕他去找那个卫子夫；一面求神拜医，烧香吃药，看能否怀孕，可一天天过去，仍是没有成效。

　　因陈皇后之故，卫子夫入宫一年多都没有得到武帝宠幸。恰好武帝外放宫人，卫子夫就流着泪请求武帝放她出宫。卫子夫楚楚动人的样子再次博得汉武帝的好感，此时她才真正得到了汉武帝的宠幸。

　　汉武帝除打理朝政游猎读书外，几乎都住在卫子夫这里，再不去陈皇后那儿。甚至有时他去游猎，都要带着卫子夫，这让陈皇后十分恼火。但

更让皇后恼火的是，这个新得宠的女人，竟很快怀孕了。看着卫子夫的肚子一天天大起来，陈皇后妒火中烧，她要除掉卫子夫。

汉武帝对皇后的脾气了如指掌，早就料到皇后会这样做，便派了侍从注意。陈皇后果然闯进卫子夫宫中，要和她拼命，汉武帝让人把她拖了出去。

早就对皇后不满的汉武帝，肯定不会放过这件事。皇后受了委屈便去找母亲大长公主。大长公主心疼女儿，便多次责备汉武帝的姐姐平阳公主，说："帝非我不得立，已而弃捐吾女，壹何不自喜而倍本乎！"平阳公主说："用无子，故废耳。"

陈皇后岂能就此善罢甘休，便和母亲长公主商量谋杀卫子夫与同母异父的弟弟卫青。但在卫青朋友公孙敖的帮助下，卫青得救了。武帝知道后，非常愤怒，想借此压压长公主母女的气焰，于是就宣卫青进见，当着皇后阿娇的面，任卫青为建章宫监，加衔侍中。不仅如此，就连卫青的同母兄弟姊妹也一并加封。武帝索性一不做二不休，接着又封卫子夫为夫人，升卫青为中大夫。

皇后阿娇并没有接受教训，后来她听说有一女巫楚服法术极高，能用咒语使皇帝回心转意，还能使自己所仇恨的人死于非命，便冒险派人把楚服请入宫中作法。楚服煞有介事地召集一群徒子徒孙，在宫中设坛祭祀，召请各路鬼神。武帝得知后，怒不可遏，下令查处此事。楚服被重刑拷问，以大逆罪处以极刑。楚服的徒子徒孙和宫内的使女、宦官，受牵连者多达三百余人，一律处死。武帝认为堂堂皇后竟然装神弄鬼，便下诏收回陈皇后的印玺，废去尊号，贬入长门宫，后在长公主的请求之下，仍然受优待。

阿娇被废以后，卫子夫日益受宠，一连为武帝生了三个女儿，后来又生了一个儿子。武帝喜不胜言，给小儿取名为据，册封卫子夫为皇后，下诏大赦天下，普天同庆。

后宫的争夺纯粹是家族之间的争夺。陈阿娇被废，卫子夫被立为皇后，表明在这场宫廷斗争中，陈氏输给了卫氏，从此在朝中或者说在后宫，不再是陈氏的人说了算，卫氏则取而代之。

9. 杀淮南王刘安：维系嫡系大宗的皇统

一些皇亲国戚掌握了一定大权，便倚仗自己的地位，为所欲为，肆无忌惮，但最终还是死于皇权下。武帝为了巩固和维系嫡系大宗的皇统，对一些皇室权贵进行了无情的打击。

在刘氏众多的宗室支系中，淮南王刘安因撰写《淮南子》一书而名垂青史。淮南王族系的开基始祖名刘长，是汉高祖刘邦最小的儿子，后被封为淮南王。文帝时，刘长因谋反被废黜王爵后绝食而死。后封刘长的儿子刘安承袭刘长的爵位，出任第二代淮南王。

武帝建元二年（前139年），淮南王入京朝见皇上。与淮南王一向交好的武安侯田蚡（王夫人的弟弟、武帝的舅舅）亲自在霸上迎候他，并告诉他说："现今圣上没有太子，而您是高皇帝的亲孙，施行仁义，天下无人不知。假如有一天宫车晏驾皇上过世，这皇位不是您的又该是谁的呢！"刘安大喜，厚赠武安侯金银钱财物品。后来天上出现了彗星，淮南王在门客的游说之下加紧整治兵器，积聚钱财贿赠郡守、诸侯王、说客和有奇才的人。各位能言巧辩的人争为刘安出谋划策，这些人胡乱编造荒诞的邪说，花言巧语蒙蔽刘安，更加坚定了他的谋反之心。

淮南王刘安因阻挠郎中雷被从军奋击匈奴等行径，破坏了对武帝明确下达的诏令的执行，应判处弃市死罪，但是武帝并没有同意，只是削了他的封地。淮南王刘安被削封地后，就加紧了谋反的准备，日夜和自己的宾客左吴等人察看地图，部署进军的路线。除了实际行动外，刘安也常常寻求心理安慰，自从武安侯田蚡给他吹过武帝无嗣，一旦有变，他有望入继大统的风后，他就固执地认为果真如此。

刘安召见中郎将伍被一起商议谋反之事，伍被不大情愿地说："圣上刚刚宽恕赦免了大王，怎能又说这些亡国之话呢！现在臣也将看到宫中遍生荆棘，露水沾湿衣裳了。"刘安大怒，将伍被的父母囚禁起来，关押了三个月。

所谓天下没有不透风的墙，淮南王刘安的谋逆举动很快就败露了。刘安有个庶出的长子名叫刘不害，刘安一点也不喜欢他，王后和太子也都不把他视为儿子或兄长。刘不害有个儿子名叫刘建，对其父不受刘安重视而耿耿于怀，于是就向丞相公孙弘举报淮南王有叛逆的阴谋，公孙弘决意深入追究查办此案。河南郡府审问刘建，刘建供出了淮南王、太子及其朋党。刘安眼看刘建被召受审，害怕国中密谋造反之事败露，就想抢先起兵，但又恐怕自己的国相和大臣们不听命于己。他就和伍被密谋先用假装宫中失火的方法，吸引国相和大臣们前来救火，然后再将其除之。谋议未定，又计划派人身穿抓捕盗贼的兵卒的衣服，手持羽檄，从南方驰来，大呼"南越兵入界了"，以借机发兵进军。

此时，廷尉把淮南王孙刘建供词中牵连出的淮南王刘安太子刘迁的事呈报给了武帝。武帝命廷尉前去淮南国，逮捕太子刘迁。眼见机会一点点丧失，大势已去，太子便想刎颈自杀，不过勇气不够自杀不成。看着淮南王败局已定，伍被独自往见执法官吏，主动交代了自己参与淮南王谋反的事情，并将谋反的详情全盘供了出来，想为自己争取宽大处理。武帝因为伍被劝阻淮南王刘安谋反时言词雅正，说了很多赞美朝廷的话，本想不杀他。但廷尉张汤说："伍被最先为淮南王策划反叛的计谋，他的罪不可赦免。"于是伍被还是被杀了。

法吏因而包围了淮南王王宫，逮捕了太子、王后，查抄了谋反的器具，还将淮南国中参与谋反的淮南王刘安的宾客党羽一并捉拿归案，然后书奏呈报武帝。武帝接到奏报后便派宗正手持符节去审判淮南王，宗正还未行至淮南国，淮南王刘安已提前自刎而死。太子刘迁和所有参与谋反的人都被满门抄斩。刘安死后，淮南国被废为九江郡。

在这节骨眼上，衡山王刘赐仍在按部就班地行使他参与刘安谋反的计划。刘赐是刘安的弟弟。刘赐的王后乘舒生了二男一女，大儿子叫刘爽，被立为太子，二儿子叫刘孝，女儿叫刘无采。刘赐还有一个宠姬叫徐来，生了四个孩子。另一个宠姬叫厥姬，生了两个儿子。王后乘舒死后，刘赐立徐来为新王后，这使得一直想当王后的厥姬大为不满，于是，厥姬便开始挑拨王后徐来与太子刘爽之间的关系，告诉刘爽说徐来害死了他的母亲。而徐来当王后以后，她的最高目标就是废太子，立自己的儿子为太子。因此徐来只要一有机会就在刘赐面前吹枕头风，讲刘爽的坏话，想让刘赐废掉刘爽的太子地位。

元朔六年（前123年），衡山王派人上书武帝请求废掉太子刘爽，改立自己所喜欢的刘孝为太子。刘爽闻讯，就派和自己很要好的白嬴前往长安上书，控告刘孝私造战车箭支，还和衡山王的女侍通奸，想要以此来挫败刘孝。衡山王听说刘爽派白嬴去上书，害怕他揭发出自己谋反的阴谋，也上书反告太子刘爽干了大逆不道的事应处死罪。父子相互控告，朝廷便将此事下交沛郡审理。

元狩元年（前122年）冬，负责办案的公卿大臣下至沛郡搜捕与淮南王共同谋反的罪犯，在衡山王刘赐的二儿子刘孝家抓住了重要案犯陈喜。陈喜平日屡次和衡山王计议谋反，刘孝很害怕他会供出此事。刘孝听说律令规定事先自首者可免除其罪责，又怀疑先前太子刘爽指使白嬴上书已将谋反之事告发，就抢先自首，控告陈喜等人参与谋反。廷尉经审讯，情况均属实，公卿大臣便请求逮捕审讯衡山王。武帝便派遣中尉司马安、大行令李息赴衡山国就地查问衡山王刘赐，刘赐对所犯罪行供认不讳。中尉、大行还朝，将情况上奏，公卿大臣请求派宗正、大行和沛郡府联合审判刘赐，刘赐闻讯便刎颈自杀。刘孝主动自首谋反之事本应从宽处理，但他因犯下与衡山王女侍通奸之罪，仍被处死弃市。王后徐来因以诬蛊谋杀前王后乘舒而犯罪，太子刘爽犯了被衡山王控告不孝的罪，都被处死弃市。所有参与衡山王谋反一事的罪犯一概满门杀尽，衡山国废为衡山郡。

淮南、衡山的这两次大狱，牵连上至侯王、两千石以上的官员，下至郡县豪杰、百姓，一共株连了数万人。

被血洗后的淮南国、衡山国和江都国已无君主，汉武帝在这几国故地分别设置了九江郡、衡山郡和广陵郡，都直接归属朝廷统领。

其实，这些侯王丧失国土，其本身的罪责是微不足道的。汉武帝是想借此机会来铲除同他血缘较远的那些诸侯王。血缘远的，总有把柄落入汉武帝手里，稍有闪失便要人头落地。汉武帝这样做，是为了巩固和维系嫡系大宗的皇统和他本人至高无上的地位。

10. 平巫蛊之乱：铲除卫氏集团

巫蛊之祸是一场政治清洗的开始，这是由外戚的权力斗争，以及武帝自身的迷信鬼神、过度猜忌所造成的，其结果是外戚势力受到了彻底打击。

巫蛊是汉代的一种巫术，即将木偶人埋在地下，用咒语驱使它使人得病致死。自从皇后陈阿娇用巫蛊之术试图谋杀情敌卫子夫之后，巫蛊之风便越演越烈，成为武帝时期的一种社会恶俗。

汉武帝征和元年，丞相公孙贺的儿子太仆敬声因仗着母亲是卫皇后的姐姐而骄奢不奉法，私用北军钱千九百万，事发后下狱。公孙贺自请追捕获阳陵大侠朱安世，以此为儿子赎罪。没想到朱安世在狱中上书，揭发敬声不仅与武帝女阳石公主私通，还指使人在通往甘泉宫的驰道中埋木偶，祭祀天子。

武帝大为愤怒，立即下令处死公孙贺父子。公孙贺本是卫皇后的至亲，执金吾杜周从公孙贺父子的巫蛊案中，嗅出了卫皇后已经失宠的信息，卫氏外戚成了武帝意在扫除的势力，于是罗织罪名，广为株连。不久，武帝的女儿阳石公主、诸邑公主以及大将军卫青之子卫伉等都被牵连在巫蛊案中，皆处以死刑。

公孙敬声巫蛊案的株连扩大，实际上有着更为深刻的背景，那就是围绕皇位继承权问题，武帝与皇后卫子夫、皇子刘据之间展开的由来已久的复杂斗争。

刘据（前128年—前91年）汉武帝长子，母卫皇后。元狩元年（前122年）四月丁卯，7岁的刘据被立为太子，征和二年（前91年）八月辛亥刘据自缢而死，后来被谥为戾太子。

太子之位自古是皇帝诸儿子争宠的焦点，所谓夜长梦多，刘据做太子的时间一长，地位反而变得不稳固起来。汉武帝末年，王夫人、李夫人等都已相继生了儿子，汉武帝又宠幸尹婕妤、钩弋夫人。卫皇后年老色衰，终年难得见皇上一面。刘据为人性情仁慈敦厚，温柔谨慎，武帝认为他没有多少才能，不像自己，对他不大满意。于是宫内一些有皇子的嫔妃就打起了太子宝座的主意。

虽然武帝对太子不甚满意，但还没有废立的打算，他觉察到这一切，就特意对太子的舅舅卫青说："我大汉建国不久，加上北方匈奴屡次前来侵扰，朕如果不制定严厉的律令，后世就无法可依；不出师征战，如何能保天下太平；为此不得不劳民伤财。但后世要是还像朕一样，那就跟秦朝末年一样要走向灭亡。太子稳重安详，虽然不能开拓疆土，却必能使百姓安居乐业，国家繁荣富庶。要找一个守成的国君，有谁能比得上太子呢？听说皇后和太子有不安之意，怎么能有这样的想法呢？你可以给我转达一下让他们安心。"卫青连忙磕头谢罪。

然而刘据与汉武帝性格截然不同，在许多重大问题上观点不一致：在外交政策上，太子主张和平共处，每次都进谏劝阻征讨异族，武帝则笑着对他说："朕替你把辛苦事都办了，给你留个天下太平，不是很好吗？"在对内管理上，武帝惯用严刑苛法，刘据则宽厚仁慈，善于发掘冤狱，被武帝治罪的人，太子常常为之平反。

为此，朝中众臣分为两派，为人宽厚的都支持太子；而严酷刻薄的都担心刘据继位后会对自己不利，就不断地向武帝进谗言。元封五年（前106年），大将军卫青病逝，卫皇后和太子失去了最有力的后援，朝廷中支持太子的大臣也越来越少了。终于让佞臣江充通过巫蛊事件，诬陷刘据阴谋叛乱，使武帝和太子发生了父子相残的悲剧。

江充字次倩，赵国邯郸人，本名齐，他把能歌善舞的妹妹嫁给赵太子丹。后江充与丹交恶，便逃到长安告发丹的阴私，受武帝赏识，拜为直指绣衣使者。太始三年，太子刘据家使乘车马行驶在专供天子交通的御路驰道中，正好遇上江充，江充依法拘押太子家使，没收车马，并禀报给武帝，从此与太子刘据结仇。

征和二年闰五月，汉武帝在长安西北的甘泉宫避暑时，突然生了病。江充曾经因为举报太子家人而得到武帝奖赏，生怕武帝死后太子即位会遭报复，就说武帝生病是因为太子在背后诅咒的结果。

"巫蛊"术在西汉很盛行，京城里有诸多方士和巫师神婆之流，且有不少女巫往来宫中，常有嫔妃之间互相用巫蛊诅咒。武帝素来迷信，对巫蛊之流深恶痛绝，早年曾因"巫蛊案"废了陈皇后。此时，武帝听了江充的话，深信不疑，就派他治理巫蛊之狱。

江充得了圣旨，立即带上一个胡巫去捉妖。开始为掩人耳目，便在长安城内四处寻找。到了人家屋内，胡巫含酒往地上一喷，见有祭祀的痕迹，就说此人诅咒皇上，江充马上命令侍吏将其拿下，施以种种酷刑，定要犯人诬服。巫蛊之狱从京师波及到各地，因卷入此案被杀的官绅百姓前后达数万人。但凡被牵上此案的，不管真假，必死无疑。于是，江充让胡巫奏道：宫中有蛊气，如不除灭，陛下的病终难痊愈。武帝又命江充入宫搜查，并派宠臣按道侯韩说、御史章赣和宦官苏文等人做江充的助手。

江充来到后宫，先从失宠妃嫔处挖起，渐渐地挖到了皇后、太子的宫殿，他纵横挖掘，遍地开花，弄得皇后与太子连放床的地方都没有了。然后江充声称：在太子宫中挖出的木人特别多，并且附有写着谋逆事端的帛书！要向皇上禀报。刘据又惊又怕，急忙和少傅石德商量，准备假托皇上之命，抓住江充等人严加审讯，揭穿他们的阴谋。七月壬午日，刘据假托诏命，逮捕了江充，韩说不肯就范，被当场杀死。章赣受伤，与苏文逃回了甘泉宫。刘据痛骂江充道：奸贼，竟敢离间我们父子么？手起剑落，将他挥为两段，又将胡巫烧死在上林苑中。然后刘据调兵控制了宫城，以做防卫。苏文逃回甘泉宫后，告称太子造反。武帝起初不相信地说："太子必定是害怕遭祸，又痛恨江充，才会发生这等事。"便立即派使者到长安城中召太子，哪知使者早被苏文串通，根本不曾入城，却回来谎奏道："太子真的造反了，要杀臣，臣只得逃回来了。"武帝这才勃然大怒，命令丞相刘屈牦调发近县士兵，进攻长安。刘据也矫诏赦免长安狱中囚徒，配合宫中卫队，又临时武装了部分市民，与丞相军大战三天三夜，双方共死伤数万人，长安城血流成河。这时武帝驾临长安城西的建章宫，大家听说后纷纷传言太子造反，于是刘据的部下渐渐散去，刘据终于战败。

刘据逃至长安南城，城门官田仁认为父子至亲，不愿过分相逼，就放他出了城。刘据逃到湖县，躲藏在一个百姓家中，这户人家很贫穷，只能靠日夜编织草鞋出售来供养太子。太子很过意不去，想起自己有个老朋友在湖县，且家境富裕，便派人向他求助。不料被当地官吏发现，派兵围捕，刘据悬梁自尽，他的两个儿子与这家主人都被杀害了。

在这场巫蛊之祸中，卫皇后自杀，刘据的三个儿子、一个女儿以及女婿平舆侯尚也同时遇害。博望苑的诸多宾客全被杀光，跟刘据起兵的官吏与放他出城的田仁都被灭了族。那些讨伐、搜捕刘据有功的人则升官封爵，大加赏赐。

一年多后，事情渐渐弄清了，所谓巫蛊一案，多属虚妄。汉武帝终于明白太子是被逼无奈才发兵自卫的，根本就没有造反的意图，但已追悔莫及。由于感念太子无辜身亡，心中伤痛，汉武帝就在长安建造了一座思子宫，又在湖县修筑归来望思之台，盼望太子的灵魂能够归来与自己重会于台上，共叙天伦之乐。

征和元年的巫蛊之祸是一场政治清洗的开始，是武帝打击卫氏外戚集团，为废长立幼扫清道路的信号。这场巫蛊之祸，主要是武帝本人酿成的，江充其实是"善合人意"，起到了推波助澜的作用。

11. 用心良苦：杀母立子，安排顾命大臣

中国古代封建皇位的传承，以父传子继这种家天下的继承模式，来避免其他家族对最高权力的争夺，封建帝王为了使得自己家族延续统治可谓用心良苦，少不了伴有流血事件。

垂暮之年，武帝除了对自己一生的功过进行反思之外，考虑最多的便是皇位继承的问题。武帝共有6子。卫皇后生故太子刘据；王夫人生子刘闳，元狩六年（公元前117年）立为齐王，于元封五年（公元前110年）病死；李姬生子刘旦、刘胥，元狩六年（公元前117年）立刘旦为燕王，又立刘胥为广陵王；李夫人生子刘髆，天汉四年（公元前97年）立为昌邑王，后元元年（公元前88年）病死。钩弋夫人即赵婕好，生子弗陵。太子刘据死后，只有燕王刘旦、广陵王刘胥和幼子弗陵三子还活着，也就是说汉武帝将从这三人中挑选一人立为太子。

自皇太子刘据自杀、齐王刘闳病死以后，燕王刘旦年龄居长，按照传统的宗法制度，刘旦自以为理所当然会被立为皇太子。刘旦为人善辩，有才略，广纳游学之士。后元元年（公元前88年）燕王刘旦上书，表面上请求回京师入宫宿卫，暗地里即是要求立自己为皇太子。武帝大怒，下令将送书的使者斩于未央宫的北阙之下，削夺燕王封国中的良乡、安次、文安3个县。这件事显然是向燕王和天下示意，不准备立燕王为皇太子。而广陵王刘胥，虽然勇猛雄健，但好倡乐逸游，常常违犯法度，一向不被武帝

所喜，自然也不在立储之列。

　　武帝最喜爱的是幼子弗陵。他长得很像武帝，很合武帝心意，形体壮大，相貌英俊，慧敏多智，为此武帝早有立其为太子之意。但弗陵年龄幼小，其母钩弋夫人又很年轻，武帝担心将来弗陵为帝，母亲钩弋夫人必干政，恐怕危及汉家社稷，为此他一直在考虑寻找一个稳妥的立储办法。

　　武帝经过深思熟虑后作出决定，如果立弗陵为太子，首先要选好辅政大臣，其次就是找一个"莫须有"的罪名将钩弋夫人赐死。随后，武帝部署预立弗陵，物色大臣辅助。当时，朝廷中大臣有丞相田千秋（即车千秋）、搜粟都尉桑弘羊、侍中奉车都尉光禄大夫霍光、侍中驸马都尉金日、大鸿胪田广明、御史大夫商丘成、太仆上官桀等。武帝认真考察群臣，认为只有霍光性情忠厚，可以承担辅保社稷的大事。霍光字子孟，河东平阳人，与霍去病是同父异母的弟弟，十余岁被霍去病带入宫为郎，出则奉车，入侍左右，侍奉武帝二十多年，小心谨慎，从无过失，很得武帝信任。武帝命黄门画了一幅周公负成王朝诸侯图，赐谕霍光。因此，左右群臣都知晓武帝要立少子弗陵为太子。

　　几天后，武帝因为一点小事，在甘泉宫谴责钩弋夫人，夫人不知为什么武帝会如此大发雷霆，于是卸脱簪珥，叩头认过。武帝主意已定，毫不为动，断然传命把她押入掖庭狱。夫人边走，边回头求饶，武帝厉声说："快走！你命里注定是不能活的！"最后，赐钩弋夫人死在云阳宫。事后，武帝问左右侍从："外面对这事有何说法？"左右告诉武帝："大多不理解，说既然要立弗陵为太子，又何必除去他的生母？"武帝这才说了他的意图："你们这些愚人是不会明白朕的意思的。过去国家造乱的缘故，多数是太子少母壮，母亲专政。你们没听说过吕后吗！所以不得不先除去她。"武帝是一个深谋远虑的皇帝，他诛杀钩弋夫人，是站在自己的立场上，吸取吕氏专权的历史教训，而采取的防范措施。司马光说："孝武以孝昭之生，神异于人而复有早成之资，戈违长幼之次而立之。鉴于诸吕，先诛其母，以绝祸源，其于重天下谋子孙深远矣。"此外，武帝选顾命大臣时也是经过自己的深思熟虑的。由于连年的战争，国库亏空，人民需要休养生息，所以他需要谦逊恭谨的人来帮他完成大业。武帝试图通过对辅政大臣的选择，勾勒出身后十年的政坛图景，试图为儿子打造出另一个盛世，这样的深谋远虑可谓是用心良苦。

第六章 守成之君 昭帝刘弗陵

汉昭帝刘弗陵（前94年—前74年），是西汉第六代皇帝，他是汉武帝刘彻最小的儿子，母亲为钩弋夫人。弗陵8岁继位，18岁亲政，在位13年。谥号"孝昭皇帝"。弗陵在位期间多由大臣辅政，但用人得当，也很有政绩。

1.平叛乱：平燕、齐谋逆，挫败伪戾太子

　　权力的继承，是封建统治家族得以延续的纽带，然而家族内部也会由于自己的利益而造乱，为了争夺皇位而斗争。

　　武帝去世，刘弗陵即位，遂命向各诸侯王送去玺书并通告武帝驾崩的消息。燕王刘旦早就不满武帝把皇位传给弗陵，接到玺书后，便以玺书文字太短，让人看不明白为借口而不举哀，并暗地里派出近臣调查武帝的死因和刘弗陵即位的情况。随后，他的近臣告诉他刘弗陵是霍光等人拥立的，刘旦就开始想法找疑点陷害刘弗陵，为自己谋反寻找一个合法的理由。有人告诉他说弗陵是钩弋夫人怀孕14个月才出生的。刘旦就此大做文章，怀疑弗陵不是武帝的儿子。于是，他派人到处联络煽动，又制造兵器，准备谋反，并与齐国的刘泽（齐孝王之孙）结盟，商定刘泽在临淄起兵，以为响应。可是刘旦和刘泽的计划还未实行便被人告发了。青州刺史隽不疑接到告发后，迅速逮捕刘泽，将其诱杀。刘旦因是宗藩的缘故，仅受告诫，没有问罪。就这样，一场政治危机算是解除了，政治局势暂归平静。然而对于嗣君的疑问，依然困扰着朝野，给暂时平静的政局增添了不安的气氛。

　　当时天下人对刘弗陵立嗣和霍光执政持怀疑态度的大有人在，新的政治危机迫在眉睫。始元五年（前82年）春正月，有个卫太子从前的舍人对一个名叫成方遂的巫师说："你的身材面貌都非常像卫太子。""巫蛊之祸"就发生在8年前，当时戾太子36岁，容貌不可能全被遗忘。其亲族

大臣被诛杀殆尽，戾太子虽传言自尽，终归下落不明，疑惑始终困扰着朝野。成方遂听了这话觉得有利可图，希望能借此获得富贵，便诈称卫太子。一日他便乘坐着黄牛车，穿黄衣、戴黄帽，打着黄旗，来到未央宫北门前，自称是卫皇后所生的太子刘据。事情报入宫中，霍光命令公卿、将军以及满二千石官员都来识别真伪。消息在长安城中迅速散布开来，数万市民涌来北门看热闹，似乎人们早已期待着这一事件的到来，大家没有惊恐也没有害怕，而是以一种很平和的态度静观局势的发展。军队布列在北门以防不测。大臣们一时无法判明真伪，谁也不敢表态，连御史大夫桑弘羊也不例外。

京兆尹隽不疑赶到后，不由分说即逮捕这名自称为卫太子的人。定其"诬罔不道"罪，判处死刑。隽不疑凭自己的果断解除了一场政治危机。

从这两件事可看出，刘氏家族内部存在很大矛盾，刘弗陵的即位让其他皇子不满，争夺皇位的斗争越演越烈，一直困扰着当时政局，但在霍光及其他臣子的努力下，这两件谋逆的事获得了及时处理，从而稳定了飘摇中的政局。

2. 召开盐铁会议：桑弘羊、上官桀与霍光之间的争斗

统治阶级内部为了争夺在朝中的利益，他们不惜用残酷的手段，精心策划一切来维护自己的利益。

汉武帝赐死钩弋夫人之后，消除了太后专权的隐患，但还必须挑选一位忠实可靠的大臣来辅佐幼子弗陵。经过反复的考虑，武帝选用霍光、金日和上官桀三人来共同辅佐弗陵皇帝，并让金日和上官桀来制约霍光。

金日，原名日蝉，字翁叔，是匈奴休屠王太子。身材魁梧，体形高大，膂力过人，自幼精于骑射。一个偶然的机遇，金日得遇汉武帝，"拜为马监"。后来，成为武帝最可信赖的侍臣之一。因金日的父亲休屠王曾保存过匈奴最高统治者单于供奉的祭天金人像，汉武帝就特赐他姓"金"，所以叫金日。

武帝在临终前正式任命霍光为大司马、大将军，金日为车骑将军，上官桀为左将军，桑弘羊为御史大夫，田千秋仍为丞相，他希望这些大臣们能够尽心尽力辅佐皇上治理天下。霍光靠稳重谨慎，金日靠品行高洁，上官桀靠才力及忠心，桑弘羊靠理财功绩和威望，同时成为托孤重臣，共同辅佐少主。

综观汉武帝遗诏中的人事安排，托孤大臣之间相互辅助又相互制衡，形成一个坚固而又灵活的有机整体，体现了武帝高妙弘远的政治智慧。金日在接受遗诏之后一年有余就病故了。他死后，权力欲强的霍光与不甘沦

为附庸的上官桀、桑弘羊之间矛盾逐渐激化，而一向明哲保身的丞相田千秋则置身事外，武帝精密的人事安排逐渐瓦解。

昭帝即位初期，民族矛盾有所缓和，但经济凋敝、流民遍野。为此，昭帝采取轻徭薄赋的政策，还派钦差大臣巡行郡国，了解地方民情及吏治情况，并减免各种徭役赋税。然而，随着时间的推移，在农业生产得到发展的同时，土地兼并的现象却越来越严重，广大农民的负担也越来越重。盐铁官营等政策的弊端也日益暴露出来，但桑弘羊为了捍卫自己岌岌可危的政治地位，就不遗余力地坚持汉武帝当年的积极扩张政策，桑弘羊深知那是自己最为宝贵的政治资本。丞相田千秋虽然名分最高，但他资历最浅，徒有丞相的头衔，田千秋深谙明哲保身的道理，竟然也自成一派，做起了平衡的势力。为抵制霍光，桑弘羊与上官桀联合起来，共同与霍光唱反调。在执行何种统治政策问题上，辅政大臣们争论不休，互不服气。这样，在昭帝即位后的几年间，统治阶级中两种不同的政见，始终在进行着激烈的斗争。

为了解决这一问题，始元五年（前82年），即元凤政变前两年，霍光以昭帝的名义发布举贤良文学的诏书。次年（前81年），又以昭帝的名义命桑弘羊、田千秋召集各个郡国推举的贤良60余人，齐集长安，就盐铁官营政策及民间疾苦进行讨论。由于有霍光在背后撑腰，参加辩论的贤良文学，对桑弘羊奉行的经济政策进行了大胆而猛烈的抨击，桑弘羊对此做了有力的答辩，这就是历史上有名的"盐铁会议"。

会议内容之一是人民疾苦的原因。贤良文学指责这些政策的弊端，国家没有推行盐铁专营的政策之前，百姓生活富足；而今天国家推行盐铁专营，造成了百姓的普遍贫困。桑弘羊则主张一旦废除，国家的财政收入将难以有保证；而且盐铁专营政策能够堵塞豪强地主的兼并之路，有益于农民。之二是对匈奴的政策。贤良文学认为常年征战，士兵都已经疲惫，急需休养生息，主张实行和亲政策，依靠道德感化维持和平的局面。桑弘羊则认为国家好不容易才击败匈奴，给匈奴机会恢复国力，后果不堪设想。之三是治国措施。贤良文学力主实行德治，减轻刑罚。桑弘羊则认为用刑宜重，百姓惧怕法律才容易治理，并反唇相讥贤良文学迂腐、不识时务。双方的争论异常激烈，在理论上给桑弘羊官营专卖的思想以沉重打击，但由于盐铁诸项政策关系汉廷财政问题，因此只取消酒的专卖，其余各项都没有罢除。会议辩论的实质，在于是否继续坚持汉武帝的朝政方针。辩论的内容，涉及当前治国方针政策转变等问题，远远超出了盐铁官营的问题。位居三公的御史大夫与普通士子进行这样的讨论，还是秦汉以来的第一次，这是汉昭帝宽松政治下的产物。

盐铁会议给以桑弘羊为代表的"深酷用法者"的官僚集团以沉重的打击，但更重要的是使"与民休息"的方针政策得以实施，在客观上促进了社会进步和生产发展。同时，霍光把桑弘羊扳倒的意图也未实现，不仅如此，双方的矛盾反而更加尖锐了，使桑弘羊站到上官家族一边，最后只好以流血的形式解决这个矛盾。霍光与桑弘羊之间的矛盾是统治阶级内部的矛盾，归根结蒂是他们都在想方设法维护自己在朝廷中的利益，从而维护自己家族的利益。

3. 元凤政变：权力之争，霍光得胜

权力令人眼红，但权力不是轻易就能得到的，而是通过自己的斗争打下来的。利益高于一切，在利益面前，权力与斗争总是分不开的。

自从车骑将军金日磾病逝后，剩下的三位辅政大臣霍光、桑弘羊、上官桀之间就展开了殊死的斗争。盐铁会议，已经开始了他们之间为争夺权力而进行的争斗。霍光、上官两家是儿女亲家，上官桀当初想让幼小的孙女（也是霍光的外孙女）成为皇后，霍光并未答应，后来上官桀讨好昭帝的姐姐鄂邑长公主，才把6岁的孙女选给12岁的昭帝册立为皇后。御史大夫桑弘羊是前朝权臣，自认为在武帝时期制定盐铁专营，有功于国，昭帝即位后，桑弘羊公事私事俱受霍光限制，不甘居霍光之下，为此对霍光甚为怨恨。武帝的三子燕王刘旦，因太子自杀、次子早死，满以为帝位非他莫属，不料却传给了少子，故对昭帝不无怨恨。鄂邑公主为其幸臣丁外人求封，霍光不许，也对霍光心怀不满。这样一来，霍光便成为四方实力共同打击的目标。

元凤元年，上官桀及其子上官安、昭帝姐姐鄂邑盖长公主、桑弘羊、燕王刘旦结成同盟，准备发动政变杀死霍光并废掉昭帝。上官桀和桑弘羊暗中收集霍光的过失，把材料交给燕王刘旦。刘旦上疏弹劾霍光，认为霍光专权，图谋不轨，希望能让自己到京城保卫皇上。上官桀和桑弘羊则出面劝昭帝罢免霍光。昭帝看过奏折之后，不同意发布罢免霍光的诏书，而且态度很坚决。第二天早晨，霍光听说了奏书的事，非常害怕，留在挂有《周公负成王》画图的屋子里不肯上朝拜见皇上。昭帝心里非常清楚此事的来龙去脉，召入霍光说："将军到广明（长安东门）去总阅郎官，还不到10天，燕王怎么可能这么快得到消息！况且将军不用调动校尉就能干违法之事。"大臣们都随声附和所言极是，这时昭帝只有14岁，尚书和左右随从都对昭帝聪慧识诈之举感到吃惊。

昭帝下令："大将军忠臣，先帝所属以辅朕身，敢有毁者坐之。"霍光由此得以尽忠。

这件事被昭帝挫败之后，上官桀等人紧接着又策划更大的阴谋。他们想由鄂邑盖长公主设宴请霍光，用伏兵击杀他，然后废昭帝而立燕王刘旦为皇帝，但这件事被人知道并向霍光告发。霍光借助外朝力量，一举粉碎了上官桀等人的政变企图，参与政变者皆被灭族处死，燕王刘旦与长公主自杀。唯有上官桀的孙女因是霍光的外甥女，又是昭帝的皇后，所以毫发无损，并且此后霍氏在政治上有很多借助于上官皇后的地方。因为这起未遂政变发生在元凤元年，所以史称"元凤政变"。

托孤大臣之间的权力之争是导致元凤政变的主要原因。从此，霍氏家族便登上了权力的顶端。元凤政变中霍光的获胜及以后他个人权力的强化，有力地保证了西汉政府继续执行武帝末年的政策调整，对外积极防御，为"昭宣中兴"营造了良好的外部环境；对内"轻徭薄赋，与民休息"，发展了农业生产。然而霍光专政也留下了遗弊，那就是为不久以后王凤、王莽等人的专权提供了绝好的例子。

4. 废昏立明：废掉荒淫的刘贺，改立刘病已

一个没有威望的皇帝，一个昏庸无能的皇帝，怎能治理好天下？因此废昏立明是维护封建政权的正确决策。

元平元年（公元前74年）四月，21岁的昭帝刘弗陵因患绝症去世。昭帝在位13年，无子嗣。他去世时，上官皇后只有15岁，昭帝的其他妃子也没有生育儿女。大臣们为拥立谁做新皇帝而不安起来，朝廷不可一日无主，国家不可一日无君，一时间皇统继承的大事出现了危机，一场皇权的争夺战拉开了帷幕。

在嫡系的皇族血统中，只有广陵王刘胥即汉武帝刘彻的儿子还活着。无论从血脉还是从辈分上来讲，刘胥都最有资格做皇帝。于是，大臣们都推举刘胥，但霍光有些不同意。恰好在这时候，有个官员讨好霍光，上书说立皇帝主要看人品合不合适，不一定考虑辈分的大小。霍光就把这个奏章拿给大臣们看，大家互相商议，认为刘胥为人处事过于荒唐，没有做皇帝的德行和威严。在霍光的主持下，决定立昌邑王刘贺为帝。刘贺是武帝的孙子，昌邑哀王刘髆的儿子。于是，霍光就以上官皇后的名义起草了诏书，派遣大臣乐成、刘德、丙吉等人前往昌邑王奉国，请他到长安来就任帝位。

说广陵王刘胥荒唐，即将即位的刘贺更是荒唐，不务朝政。汉武帝刚刚去世的时候，举行国丧，天下的百姓都必须守孝，禁止进行任何娱乐活动，皇子大臣们更要严格遵守，以示哀悼。但是刘贺却不以为然，竟敢带

着随从去打猎，到处寻欢作乐，整日醉生梦死。朝廷的使臣马不停蹄，来到昌邑国时正好是半夜。刘贺听说自己要做皇帝了，立即命人点起灯火，迫不及待地要看诏书。第二天一大早，还来不及与大臣们在一起商议一番，刘贺就慌里慌张地带着随从向长安进发了。刘贺赴长安的路上，听说济阳有一种长鸣鸡，打鸣的声音又长又好听，就专门买了几只带着。到了弘农，又碰上了几个漂亮的乡下姑娘，刘贺就命令随从将她们抢来，藏在装衣服的车厢里，供自己在路上寻欢作乐。刘贺一路上开开心心，特别风光。

许多大臣都已听说了刘贺的种种恶劣行为，但是他们都是看在眼里记在心里而不敢说。因此霍光还是按照原计划先把昌邑王刘贺接到皇宫里，让他参见上官皇后。然后霍光和大臣们又请上官皇后出面，把皇帝的玺印交给刘贺，于是刘贺正式即位做了皇帝。年仅15岁的上官皇后，竟然做了新皇帝的母亲，被尊为皇太后。

刘贺做了皇帝，却没有一点做皇帝的样子。他整天忙碌的是把从昌邑带来的那些戏子都弄到皇宫里来，叫他们陪着自己玩，随意赏给他们钱财，弄得整个皇宫乌烟瘴气。为汉昭帝守丧的时候必须要吃素行斋，刘贺就偷偷地命人在晚上做山珍海味，饕餮豪饮；同时刘贺毫无廉耻之心，在后宫里随意奸污宫女。霍光知道自己立了这样一个荒唐的皇上，真是又气愤又懊悔。

在昌邑王即位的第二十六天，霍光私下与大将军田延年商量，准备以"荒淫乱政"为罪名废掉刘贺。第二天便召集大臣们开门见山地问道："昌邑王昏庸无道，即位不过十数日，却做出无数危害社稷事，你们说应该怎么办呢？"大臣们一听这话不知如何是好，个个都吓得说不出话来。田延年手持宝剑说："大将军忠厚贤明，先帝把天下托付给大将军，以求安定刘家的天下，今天大将军作出的决定就是先帝的决定，难道谁有意见吗？"大臣们此时才明白霍光是想废掉刘贺，所以全部趴在地上，齐声说："遵从大将军的决定！"于是，霍光就把事先写好的奏章拿出来，大臣们在上面一一签名，然后请来上官太后，请她下令废黜刘贺。霍光又以15岁皇太后的名义，将刘贺送回昌邑，贬为海昏侯，赐给他汤沐邑2000户，封国被废除，改为山阳郡。就这样，刘贺仅仅做了27天的皇帝就被废黜了。

七月，霍光又迎立汉武帝曾孙刘病已（后改名刘询）入宫继承皇位，他就是汉宣帝，在历史上被称为"中兴"的明主。霍光这一"废昏立明"的举措，防止西汉政治发生动乱，保证了社会秩序正常发展。

第七章 中兴汉室 宣帝刘询

　　刘询（前91年—前49年），西汉第七代皇帝，本名病已。系汉武帝刘彻的嫡曾孙、戾太子刘据孙、史皇孙刘进之子，母亲王氏。因昭帝无子，昌邑王刘贺又被废，于元平元年七月，18岁的刘病已先被上官太后封为阳武侯，一个时辰后即被立为皇帝，改名为刘询。在位25年。谥号"孝宣皇帝"。

　　刘询虽从小生在皇宫，却长在民间，能够体察百姓疾苦。故此，他躬行节俭，勤政爱民，励精图治，从而缔造了"中兴之治"。

1. 皇后争夺：暗杀许皇后，霍成君如愿当上皇后

在封建统治阶级内部，后宫之争是避免不了的，为了争宠，为了自己的地位，妃嫔们明争暗斗，费尽了心机。

霍成君是当时权倾天下的大司马、大将军霍光（骠骑将军霍去病的弟弟）的小女儿，她的生母显儿原是霍光的侍女，后被霍光纳为夫人。霍成君虽则出身高贵，但其皇后之路却有不少曲折。在充满了阴谋诡计的皇室后宫，霍成君为使自己在皇后的道路上一帆风顺，不惜一切扫除身边的障碍，她先把许皇后置于死地而后又试图毒死许皇后所生之子，但没能成功。

汉宣帝在继位之前，一直生活在民间，早已和许平君结婚并有了儿子（其子刘奭，后为元帝）。汉宣帝刘询的岳父许广汉是昌邑（今山西朔县）人，年轻时在昌邑王的王府当一个中级官员。有一次，汉武帝刘彻从首都长安到甘泉宫（今陕西淳化）。帝王上路，自然万头攒动，随驾文武大官和芝麻小官构成一种威风凛凛的奇观。许广汉由于没见过什么世面，手忙脚乱中错拿了别人的马鞍，放到自己的马背上。于是，他犯了"从驾而盗"的滔天大罪而被处以宫刑。

许广汉在成了宦官之后，被任命担任掖廷丞，总理皇宫里的细小事务。后来，又因犯错，被判处充当苦工。苦工做了很长时间之后，逐升迁，最后成了"暴室啬夫"，也就是宫廷特别监狱的管理员。就在这时，落难的刘询已由外祖母家搬到皇宫里来读书，一老一少两人住在一起。掖

庭令张贺原是卫太子家吏，心念旧恩，对刘询抚厚有加。刘询长大后，张贺与许广汉商议刘询婚事。许广汉作主将自己的女儿许平君许配给了贫贱的刘询。汉昭帝元凤五年（前76年），许平君生下了儿子刘奭。

汉宣帝继位时，已经是个18岁的小伙子，这时霍光想把还没有出嫁的小女儿霍成君嫁给他，希望日后能成为皇后。因此，在册立皇后时，一些企图巴结霍光的朝臣便也纷纷跟着上书请宣帝册立皇后，想讨好手握重权的霍光。刘询在民间时就知道霍光一家势力太大，如果册立霍光女儿为皇后，不仅自己难以控制朝政，说不定还要受制于霍光。为此，对于大臣们的意见，刘询一直不予表态。在他看来，只有与自己患难多年的许平君，才是合适和可靠的皇后。因此，刘询以自己的一把宝剑还在民间为由，委婉地向大臣表态。最后，大臣明白皇上的意思，便纷纷倒向了皇上这边，拥立许平君为皇后。

许平君立为皇后以后，可想而知，霍光一家尤其是他的夫人显儿是多么的生气。这位颇有心计的女人，为了能让自己女儿成为皇后，决意除掉许平君，并在暗中一直寻找机会。不久，机会终于来了，快要临产的许平君突然病了，召女医淳于衍入宫。显儿便买通淳于衍，并对她说："霍成君是霍将军平时最爱的小女儿，如今许皇后正好有病，你可借此机会除掉她，这样霍成君就能当上皇后，你也就可以大富大贵。"在显儿的百般利诱下，淳于衍利用为许平君治病的时机，"取附子并合大医大丸以饮皇后"。生附子有毒，泡制过的附子也辛、甘、大热，孕产妇绝对禁用，许平君服下这些药后，头痛发热，大汗淋漓，很快就死了。

许平君死后的第二年，霍成君在母亲的操纵下终于成为刘询的皇后。也许是刘询头脑太清醒，反而使他在册立皇后的问题上出现了许多麻烦。显儿为了自己的女儿能够成为皇后，竟然毒死许皇后，以图达到自己不可告人的目的。这些本不应该发生的事，都和霍光一家有着直接关系。后宫之争就是权力之争、家族之争，在这场后宫争夺中，许皇后便成了牺牲品。

2. 夺回皇权：铲除霍氏家族

一个有勇有谋的皇帝，怎能容忍自己家族的权力落到其他家族的手中，任其独揽朝纲？一旦时机成熟，他必然会夺回皇权，铲除奸邪。

霍光是汉武帝临死前选定的顾命大臣，他执政以来，大权独揽，虽无皇帝之名，已行皇帝之实。但是，霍光正确地执行了武帝临终遗诏的基本精神，终于使西汉王朝由社会动荡不安进入"昭宣中兴"的清平局面，为西汉的进一步发展奠定了基础。然而他的后人却难以像他一样尽职尽责，霍氏家族势力的强大也必然会招来皇权和其他人的忌恨，因此，风光一时的霍家最终也没有逃出被消灭的命运。

24岁的汉宣帝熟知闾里奸邪、吏治得失，是一位富有社会经验的青年。公元前68年霍光病逝，汉宣帝挣脱了辅政大臣的羁绊，开始亲问政事，独揽朝纲，渴望以自己的意志施政，励精图治。但此时霍氏家族仍然紧紧地控制着朝中的军政大权。宣帝很沉着、稳重，不是鲁莽的政治家，表面上继续封赏霍光的子孙，让其在享受荣华富贵时极尽暴露自己的缺点，等到时机成熟时再逐渐削夺他们的权力；暗地里却加强外朝的权力，让御史大夫魏相暗查霍氏隐匿不报的上书，以防壅蔽，进而戳穿其阴谋，逼迫其就范、让权，最后达到清除的目的。

为此，汉宣帝对上书制度进行了改革，下令吏民上书，直接呈皇帝审阅，不必经过尚书，这就把霍山、霍云领尚书事的职务架空起来。汉宣帝接着采取行动，削夺霍家把持的权力。他先解除了霍光两女婿东宫、西宫卫尉的职务，剥夺了他们掌管的禁卫军权。之后，又提拔霍光的儿子霍禹为大司马，明升暗降，剥夺了霍禹掌握右将军屯兵的实权。并且将霍光的两个侄女婿调离了中郎将和骑都尉的位置，让自己的亲信担任南北军和羽林郎的统帅，最终把兵权掌握在自己手中。通过这一系列步骤，霍家掌握的权力被剥夺殆尽，权力逐渐集中在汉宣帝的手中。面对汉宣帝全面夺权的行动，霍家集团内部无人不惊恐，一时慌张无措，惶惑不安，他们决定铤而走险，举行叛乱，推翻汉宣帝，保住他们的既得利益。

宣帝一直要追究许皇后被害的事件，由于怀念许皇后，他下诏立许皇后的儿子刘奭为太子。宣帝的决定，深深地触怒了霍光的媚妻显儿。她气得茶不思饭不想，大口大口地吐血，随后教唆女儿霍成君毒死太子刘奭。霍成君的一言一行，宣帝都看在眼里，但他表面上仍不动声色，只是暗地里加快了从霍氏家族手中夺回皇权的步伐。这样一来，霍皇后实在找不到下毒的机会。

霍氏兄弟再次商议，决定由霍禹出面要求首先清除宣帝身边的权臣，然后再废掉汉宣帝，大家商议完毕，正准备实行的时候，这件事被一个叫张章的人揭发出来。

长安平民张章不知如何知道了此事，就写成一书直接递向北阙宫门（这里是直达皇帝的上书之处）。宣帝看到后，心想正好可以借此一举铲除霍氏，便立即下令追查，命军队包围霍氏的住宅。搜查结果显示，霍氏藏有大量的兵器用具，的确是要起兵谋反，于是，宣帝下诏将霍氏全部下狱。

经过审查，廷尉查出了霍氏谋反的事实真情，宣帝命令立即行刑，显儿及霍氏诸女婿都被处斩，霍禹被处腰斩。此外，与霍氏相连的数千家也遭到了灭门之灾，宣帝还下诏废去霍皇后。这样，在西汉朝廷中盘踞了十几年的霍家势力一朝覆灭，汉宣帝最终确立了自己的绝对统治。

汉宣帝是位有勇有谋的皇帝，他一上台便铲除了霍氏集团，把被霍氏把持多年的朝政大权夺了回来。从此，汉朝江山又恢复了刘氏的天下。

3. 中兴之主：革新朝政，整顿朝纲

汉宣帝熟知闾里奸邪、吏治得失，有勇有谋，使他成为一代中
兴之王。

霍光专权和霍氏集团的强大，给西汉王朝的皇权带来了沉重压力，
不利于政治的稳定和皇权的加强。汉宣帝在恢复了几失之于外戚的刘氏天
下，全面掌握了国家大权后，他开始施展自己的宏图大志，在忠实执行武
帝"轮台诏令"所制订政策的基础上进行了大刀阔斧的改革。

铲除霍氏集团后，为进一步削弱权臣势力，保证汉王朝的政令畅通，
宣帝开始大力整饬吏治：从政治、组织上加强中央对地方的统治。宣帝
亲自过问政事，省去尚书这一中间环节，恢复汉初丞相既有职位又有实权
的体制。丞相这一官职，是秦始皇设立的辅佐皇帝治理天下的百官之首，
一直有非常大的权力。汉武帝登基之后，设立"中朝官"以削弱丞相的权
力。在整个昭帝时期和宣帝前期，霍氏集团都控制着"中朝官"，皇帝本
人无权，以丞相为首的中央机构也没有实际权力。实际上正常的中央机构
已经瘫痪，完全由专权势力来执掌朝政，这是一种很不正常的现象。汉宣
帝掌握大权后，将"中朝官"的实际权力废止，把权力交给了以丞相为首
的"外事官"，恢复了中央机构的正常办公，丞相统领百官，直接听命于
皇帝。汉宣帝亲政后，丞相一职既有名分又有实权，整个宣帝时期的丞相
都是善终其位的，没有一个被罢黜或者杀掉。

在整顿好中央的秩序之后，汉宣帝又建立了一整套对官吏的考核与

奖惩制度。他十分重视地方长官的任选，认为地方官吏对上要执行中央的政策，对下要直接治理平民百姓，直接关系国家的兴衰，是"吏民"之本。对于新任命的刺史、太守、国相等官吏，汉宣帝常常亲自考察他们的人品、学识和政绩。汉宣帝还制定了相关的政策，如官吏一旦到任就不能轻易调动，以便他们能够发挥自己的聪明才智，实行连贯的政策。除此之外，他还经常派使者考察州县事务，评定地方官吏的业绩。公元前54年，宣帝又派遣丞相等二十四人出巡天下，考察天下的冤狱，信赏必罚，收到了良好的效果。王成原先做胶东相，他在处理流民问题上取得了卓越的政绩，给其他郡县提供了良好的经验，朝廷经过考察，赐爵关内侯、秩中二千石给他。

在处理霍氏旧臣上，汉宣帝对不同的人区别对待，分寸把握得很好。例如杜延年因在粉碎上官桀的过程中立有功勋，受到了霍光的赏识，被封为建平侯。汉宣帝即位后，霍光又赐予他大量食邑，位居九卿之列。霍光死后，杜延年是霍光的亲党，宣帝就把他贬到地方去担任太守。霍氏集团谋反的时候，杜延年不为所动，默默地在自己的太守职位上尽职尽责，将辖地治理得井井有条，宣帝为此恢复了他的官职，让他做了御史大夫。张安世，为人处事宽厚仁慈，一改父亲张汤酷吏的作风，常常读一些儒学书籍，很受霍光器重。在平叛上官桀的叛乱中，张安世立下了赫赫功劳，被霍光任命为车骑将军。霍光死后，张安世感觉自己难以立身，准备辞职。宣帝认为张安世虽为霍光党人，但为人正直诚恳，勤于政事，不但没有处分他，并且还升任他为卫将军，负责长乐宫和未央宫的警卫工作，又将京城的卫戍大权交给他。张安世十分感激，更加尽职尽责。汉宣帝赏罚分明的政策深为大臣们所信服，取得了良好的政治效果。

汉武帝末年，豪强势力渐渐强大起来，无论在京城还是在地方郡国，豪强势力都形成了一股很大的力量。豪强势力勾结官府，欺压鱼肉百姓，无恶不作，甚至地方政府都不敢过问，这不仅严重阻碍了中央政策执行，也严重破坏了社会的治安和生产生活的正常进行。汉宣帝亲政后，针对这一严重的社会问题，采取了严厉的打击措施，加强了中央和地方政府的权威，为维护社会治安，保护普通百姓的生命财产安全和社会经济的正常发展，起到了良好的作用。

汉宣帝还注重实行德教。宣帝一朝，对于鳏寡孤独、三老、孝悌、名士等人的赏赐几乎年年都有。宣帝实行法治和德治相结合的方针，谋求了一个较为安定的社会环境。

此外，宣帝还认真总结武帝时期推行的经济政策的经验教训，采取"与民休息"的政策，收到了显著效果。首先，调整了工商官营政策，经过整顿，这些政策的一些弊端，如官吏徇私枉法、贪污腐败等问题，在一定时期内得到了有效抑制，有利于百姓的"休养生息"。其次，轻徭薄赋，劝民农桑；抚恤流民，下诏借给他们粮食及粮种，免除算赋和徭役等。这是自武帝以来，抚恤流民条件最优惠、措施最具体的一项诏令。同时，宣帝还极力制止土地兼并。

经过汉宣帝的努力，武帝末年那种矛盾重重、国力衰退的形势有了很大的改观，国家政治清明，皇帝的权威加强，经过38年的休养生息，不仅缓和了武帝晚年以来不断激化的社会矛盾，平息了严重的社会危机，而且在一定程度上发展了生产，恢复了国家实力，加强了中央集权的统治，因此，宣帝被称为一代中兴名主。

4. 立太子：太子险些遇害，宣帝苦心栽培

明争暗斗是争夺皇权的常用手段，在维护其家族的利益下，至高的皇权有时也是微不足道的。

地节三年，刘询册立许平君所生的儿子刘奭为皇太子。刘奭被立为太子后，霍皇后的母亲显儿顿时火冒三丈，气得饭也不吃，暗中指使女儿霍成君一定要想办法毒死刘奭。霍成君听了母亲的话，几次赐给刘奭食物，想乘机毒杀刘奭。由于刘奭的保姆从中保护，霍成君的阴谋才一直没有得逞。皇上刘询可怜太子年幼丧母，又几次差点被霍皇后害死，所以在废除霍后、选立新皇后的时候就比较谨慎。几经考虑之后，刘询立王婕妤为皇后，选中她是因为她行事比较低调，也没有儿子，不会加害刘奭，由此可见刘奭的幼年命运之苦。

汉宣帝刘询对太子刘奭的文化教育十分关心，封当时的周堪为太子少傅、萧望之为太子太傅，刘跟随二人学习古代礼仪，读儒家经典。太子年长之后，对儒学尤为感兴趣，再加上幼年的经历坎坷，由此便对汉宣帝当时的"霸王道杂之"的统治政策产生了不同的看法。他对汉宣帝重用的人多数为法家门徒，且用严刑来治理天下的做法颇不赞同。当看到当时的大臣杨恽、盖宽饶等仅仅由于讥讽的言辞就被诛杀后，太子借一次陪父亲吃饭的机会从容地向宣帝进言，应该多用一些儒生来治理国家，不要用刑过度。汉宣帝一听马上变脸，不同意太子的说法，接下来又叹道："乱我家者，太子也。"从此便冷落了太子，而对淮阳王刘钦较为亲近。

刘钦，是张婕好被宠爱后与汉宣帝所生，于公元前63年被封为淮阳王。刘钦成年之后，喜爱经书和法律，聪明慧达，汉宣帝非常喜欢他。而太子刘奭则过于宽厚仁慈，喜欢儒家学术。因此宣帝经常赞叹淮阳王，说："这才是我的儿子啊！"并时常有改立张婕好和淮阳王刘钦的想法，由此可以看出，刘奭的太子地位在当时是很不稳固的。霍皇后被废掉之后，汉宣帝原本打算立张婕好为皇后，但又担心张家势力过于庞大，从而密谋加害太子，由此才改立王婕好为皇后，但是张婕好并没有因此失去汉宣帝的宠爱，反而更加得势。在这种严峻的情况下，是一批老臣的坚持和汉宣帝对许广汉父女的感恩之情，才保住了刘奭的太子地位。多数大臣根据传统礼制，纷纷上奏汉宣帝不要废掉太子，以稳定皇权。同时，汉宣帝也时常回想起许广汉父女在自己贫困时候的恩情，又可怜太子年幼丧母的不幸遭遇，最终没有废掉刘奭再立他人，就这样，刘奭太子的地位才得到进一步的巩固。

公元前49年，12月，汉宣帝病死，刘奭即位，时为汉元帝。

太子刘奭可谓经历坎坷，命运多舛。早年差点被霍皇后害死，成年后又因喜好儒学不被汉宣帝看好，差点被废掉。但汉宣帝最后还是没有废掉太子刘奭，这也是出于维护自己皇权的需要，更为了刘氏的江山能够更稳更牢一些。

5. 拯救太子：太子选妃，为保江山代代传

在封建社会，后继有人是天大的事，为了使江山代代相传，封建统治阶级可谓想尽一切可能的办法。

太子刘奭18岁时，宣帝为他举行了冠礼，这表明太子已经成年了。公元前54年，刘奭最爱的司马良娣病死了，司马良娣临死之前，哭着对太子说："我的死是因为其他姬妾得不到宠爱而妒忌诅咒我，活活要了我的命！我不是病死的！"太子对此毫不怀疑，因而整天沉浸在悲愤之中，甚至不愿去接近其他姬妾。

王皇后听说后，对此焦虑不安，赶快报告给汉宣帝，宣帝听说太子迁怒于众位姬妾，也不好强拗其意。为了使儿子重新振作起来，也为了刘氏的江山能够后继有人，便让王皇后从自己宫中挑选一些可令太子欢娱的宫女，以顺畅太子之心。王皇后左挑右选，找了五位"家人子"（无职位的低等宫女），排成一行，让太子刘奭自己选择中意之人。这时，刘奭还沉浸在对司马良娣的哀思中，对眼前的几位姑娘根本不感兴趣，瞧也不瞧面前这几位姑娘。刘奭本想一走了之，但又不耐烦王皇后的一再催促，只想快点应付了事，就把手一挥，说："这里边一个人还可以吧。"

这时有位叫王政君的姑娘，穿着与众不同，站得离太子最近，王皇后以为太子看上的就是她，就令掖庭令把她送入太子宫。太子后宫有姬妾十多人，有的七八年受宠于太子，但都没有儿子，没想到的是王政君一幸之下竟怀了孕。

次年，宣帝甘露三年（前52年），王政君生下嫡皇孙。汉宣帝见帝国有了继承人，亲自给孩子起名叫刘骜，喜出望外。从此，皇帝常常把这个孙子带在身边，寸步不离。王政君得幸纯属偶然，但是没有偶然就没有历史。这对王政君一家和西汉王朝都事关重大。

王皇后与汉宣帝为太子选妃之事，纯粹是为太子着想，更是为了汉朝的江山能够后继有人，能保大汉江山代代相传。

第八章　柔弱之君　元帝刘奭

　　刘奭（前75年—前33年），西汉第八代皇帝。属马，为刘询与嫡妻许平君所生。他出生几个月后，其父即位做了皇帝。两年后，母亲许皇后被霍光妻显儿毒死。霍光死后，地节三年四月，刘奭被立为太子，初元元年即位，在位16年。谥号"孝元皇帝"，庙号"高宗"。元帝是一个柔弱之君，在他的统治时期，西汉王朝开始走上了下坡路。

1. 权力之争：皇权旁落，外戚飞黄腾达

一个柔弱的皇帝，给了外戚集团活跃的时机，从而导致自己皇权的下放以及王朝的灭亡。

汉元帝时，皇家威权下降，朝中各种势力乘势而起，展开了争权夺力的斗争。任用外戚是西汉政治长期形成的传统，元帝也不例外。外戚是一个直接依附于太后、皇后或皇帝宠妃的裙带集团。其中，以汉代后期的外戚集团最为活跃，一直是人们所关注的焦点。

汉元帝时期外戚实权者大概有三派人物，并且都是承接汉宣帝时期的权势而来的。一是汉宣帝母亲王翁须一系，有王接、王商（汉宣帝舅父之子），王接于汉元帝时继史高为大司马，王商于汉元帝时为右将军、光禄大夫，汉成帝时继匡衡为丞相；二是汉宣帝祖母史良娣一系，有史高（史良娣兄史恭之子，汉宣帝表叔），在宣帝末年拜为大司马车骑将军，领尚书事，受遗诏辅政一直到汉元帝初元五年（前44年）；三是汉元帝的母亲许氏一系，有许延寿（汉宣帝岳父许广汉之弟）、许嘉（许延寿之子），许延寿在汉宣帝时为大司马，是史高前任，许嘉于汉元帝时继王接为大司马。

史高、王接和许嘉三位大司马是前后顺接而来的。本来汉宣帝临终前，已给元帝安排好了辅政大臣，第一位是外戚侍中、乐陵侯史高，另两位是太子太傅萧望之和太子少傅周堪，并提升史高为大司马车骑将军，萧望之为前将军、光禄勋，周堪为光禄大夫，三人并领尚书事。

史高是宣帝祖母史良娣的侄孙。宣帝幼年时养在史家，与史高有亲密关系，为此，宣帝十分信任他，让他掌握朝中大权，地位在其他人之上。萧望之、周堪都是元帝的师傅，又是当代名儒，深谙政事。萧望之又引进宗室明经达学之士刘更生（楚王刘交的后代，成帝时改名刘向）、侍中金敞共参朝政，辅佐汉元帝，史称"四人同心，谋议劝道，正义古制多所欲匡正"。

萧望之、周堪等人寄希望于对皇帝的教育，引导元帝努力实现儒家的"王道政治"理想，以期改造一个国家或社会，扭转这一时期的社会风气。他们相信只要统治者以身作则，言传身教，为臣民垂范道德人格，就可以实现天下大治。诚然，教育的功能不可低估，但绝不是万能的，萧望之等人的想法太过于天真了！元帝即位不到一年，萧望之、周堪、史高三人一体的辅政班子，就出现了裂痕。

史高受到排挤，心里失去平衡，与萧望之等人嫌隙日深，便与宦官中书令弘恭、仆射石显相勾结。这就为宦官专权提供了条件。

公元前43年九月，发生了天降陨石和霜冻等自然灾害，使得全国庄稼歉收，饥民遍地。在这种情况下，当时的御史大夫薛广德、丞相于定国、大司马、车骑将军史高，都以灾异为由上书皇帝，请求准许告老还乡，汉元帝准奏。之后不久，侍中、卫尉王接被封为大司马、车骑将军。两年之后，即公元前41年七月，左将军许嘉继王接去世后被封为大司马车骑将军。

元帝利用中朝来控制外朝，大司马大将军是中朝的首脑。汉武帝之前，原本没有中朝和外朝之分。皇帝一人之下，丞相统帅百官，总管政务。汉武帝时期开始在以丞相为首的"三公六卿"朝臣系统之外，另在皇宫中又设立了一套机构，叫中朝。由侍中、左右曹、台中大夫、光禄大夫、尚书和大司马、前后左右将军等天子宾客、心腹重臣组成，能出入宫禁，直接为皇上办事，从此形成惯例。实际上大司马的权力远远要高于丞相，只在皇上一人之下。由此可以看出史高、王接和许嘉三位外戚把持了整个汉元帝时期的大司马职位，当时他们在朝中确实拥有一定的实力，所以，汉元帝时期的最高权力始终掌握在外戚手中。在封建社会中，一人得道，鸡犬升天，史氏、王氏和许氏的整个家族势力在他们各自的代表人物掌权之后，会在一夜之间遍布全国。外戚专权加速了西汉王朝的灭亡。

2.权力之争：外戚宦官勾结，与儒臣争夺权力

为了巩固自己的权力，外戚可算是费尽心机。他们极力结党攀亲，排斥异己，加速了西汉王朝的衰败。

宦官，是封建时代被阉割后失去性能力而专供皇帝、君主及其家族役使的官员，其职务原来只是看门守院，扫地除尘，但是由于他们特殊的地位，比任何大臣接近皇帝的机会都多，因而也最容易擅权。甚至有许多宦官几乎成为皇帝的代理人，权势甚至超过了皇亲国戚、王公大臣，在朝中为所欲为，无法无天。汉元帝在位期间，除了重用外戚之外，还委政于宦官，致使政治渐趋腐败。

汉元帝体弱多病，即位后，不亲政事，又耽于享乐，尤其是喜好音乐，因此，信用中尚书宦官的现象愈演愈烈。其中最突出的事例，就是以弘恭、石显为代表的宦官势力，已基本上专断把持了中朝之权。汉元帝重用宦官的原因之一，是认为他们在朝中无亲无故，非党非派，不会拉帮结伙，危害朝廷，所以对他们十分放心，把许多事情都交给他们办理。其实这与实际情况大为相反。

石显年少时因犯法受宫刑，之后在内廷充任中黄门、中尚书之类的宦官职务。汉宣帝的时候，信用中尚书宦官，任用明习文法的宦官弘恭为中书令，石显则为中书的副长官中书仆射。汉元帝时，能说会道的石显，又得到了元帝的信用。弘恭死后，石显即代为中书令，不论大小事务，都由石显裁决。在当时，朝中上下没有一个不尊敬石显的，可以说是贵幸

125

朝野。

石显执掌中书大权之后，为了进一步巩固自己的势力，极力勾结朝臣。石显与中书仆射牢梁、少府五鹿充宗等人结为党友。对于那些拥有权势名望者，石显更是极尽拉拢笼络的本领。左将军冯奉世父子为公卿，女儿又为汉元帝后宫昭仪。石显想依附他们，便推荐冯昭仪的兄弟冯逡担任侍中这一职务，后冯逡因检举石显的专权而被元帝罢官。

石显是一个报复心极强的人，大肆排斥异己。凡是得罪过他的人，他都不放过，并且总能寻出所谓的法律依据，让人有苦说不出，结果弄得朝廷上下都视石显若虎豹，不敢与之争锋。萧望之是汉元帝当太子时的老师，其正直与学问、才干有口皆碑，汉元帝对他的倚重可想而知，萧望之因此成了石显想方设法对付的重要目标。

汉元帝即位后，萧望之原本以为自己的这位学生要大展宏图了，可没想到宦官竟然专起权来。于是他愤然上书说："受过刑的人是不宜在君主身边的，管理朝廷的机要是个十分重要的职务，本该由贤明的人来担任，可如今却由宦官把持，这不是我们汉朝的制度。"

石显看到这一奏章，当然把萧望之视为仇人，从此挖空心思地陷害萧望之。

郑朋是个儒生，为了从萧望之这里弄个官做，就投其所好，上表攻击许、史两家外戚专权，萧望之便给了他一个待诏的小官，之后却发现郑朋不是个正人君子，便非常讨厌他，再也不理他了。后来，与郑朋同是待诏的李宫被提升为黄门侍郎，郑朋还是与以前一样，原地未动，一怒之下，郑朋便去投靠了与萧望之不和的史、许两家外戚，并当众揭发萧望之，说他有五处小过、一处大罪。郑朋还说，如果大家不信，就去问中书令石显，当时他也在场。其实这是郑朋的圈套，他想借此交结石显。

石显找来郑朋和与萧望之素有嫌隙的待诏华龙，叫他们俩向皇上劾奏萧望之，之后，又趁萧望之休假之机，叫郑朋等上奏章。奏章交到汉元帝手上，汉元帝就叫太监弘恭去处理，弘恭、石显都是宦官，早已结成了同伙。弘恭立刻把萧望之找来询问，萧望之十分老实地回答，承认了想整治外戚的事实。弘恭、石显便在元帝面前说："萧望之、周堪、刘更生三人结党营私，相互串通，多次反对朝廷上掌权的大臣，其目的是想打倒别人，树立自己，独揽大权。"当时，汉元帝即位不久，对一些奏折上的"谒者召至廷尉"的字眼不甚明白，就草率地批准了这道奏章。

等过了很久，汉元帝见不到萧望之、刘更生、周堪等人，就问大臣们他们到哪里去了，这才听说这些人已被逮捕，元帝大吃一惊，急召弘恭、石显追问。在追问的过程中才知道"谒者召至廷尉"就是逮捕入狱的意思。后来汉元帝让他们快放了这三人，恢复他们的职务。石显一听计划要吹，急忙去找车骑将军史高。史高便进见汉元帝，说："若要将他们无罪释放且恢复官职，那就等于自己食言了，从而极大地影响您的威信。"汉元帝年轻识浅，认为史高说得有道理，于是只下诏释放萧望之三人，但革职为民，不予任何官职。就这样，在宦官和外戚的合力之下，大批正直的官员受到陷害。

石显因为陷害了德高望重的萧望之等人，害怕天下的儒士都骂他，便想方设法结交当时的名士贡禹，利用贡禹的名望来骗取舆论的赞誉。石显的诈变、心机由此可见一斑。

汉元帝时期，在外戚、儒臣、宦官三种势力中，宦官与外戚勾结起来共同对付儒臣。而汉元帝却始终依赖宦官，因为他认为宦官没有家室，形不成盘根错节的庞大集团。实际上石显之流早有中外党，不仅和外戚史丹、许嘉勾结在一起，还拉拢了一批见风使舵的儒臣匡衡、贡禹、五鹿充宗等人，结成朋党；并且还与长安豪侠万章交往甚密。加之石显善于顺风承旨，阿谀逢迎，元帝得以称心如意，为所欲为。身体多病的元帝原想自己不理政事，而通过宦官石显来控制大权，结果大权旁落，受柄于人，迫使萧望之自杀，周堪、刘更生被贬为庶民。宦官石显的专权，实际上正是汉元帝纵容的结果。

3. 太子之争：史丹为太子保驾护航，易储不成

　　皇族内部的战争极为激烈，为了争夺地位，他们费尽了一切努力，采取了一切办法。

　　汉元帝即位不久，就立原来的太子妃王政君为皇后，第二年又立年仅5岁的长子刘骜为皇太子。但是，汉元帝当时只是随便一指便宠幸了王政君，与她并没有什么感情可言，为此王政君母子在汉元帝的心中日益被疏远，没有什么地位。经常陪着皇帝的是傅昭仪和冯昭仪等人。这样便使得皇位继承问题变得扑朔迷离起来。

　　傅昭仪为汉元帝生了一儿一女，儿子刘康聪明伶俐，多才多艺，甚得汉元帝的欢心，被封为定陶王。汉元帝一生酷爱音乐，常常把骑兵用的军鼓放在宫殿台阶下，然后倚着走廊的栏杆，用手把小铜丸一个个抛去击打鼓面，使之发出和谐的节奏声，就和直接用手敲打鼓面一样。在生命的最后几年，汉元帝经常这样做。这样的"绝活儿"，刘康不但非常喜欢，而且也能玩一手，很像他的父亲。后宫妃子和左右侍从里懂得音乐的人都做不到。汉元帝经常在众人面前夸奖他，甚至多次想立刘康为太子。

　　皇太子刘骜长得一表人才，在爷爷汉宣帝时就被称为"皇孙"，5岁又被立为皇太子，地位最为有利。刘骜小时候确实表现得不错，经常读经诵典，但事情很快就发生了变化，随着年龄的增长，他整日沉湎于酒色享乐之中。汉元帝因此认为他不具备治理国家的能力和素养，几次要把他废掉，而想立"多才艺"的次子刘康。正当太子岌岌可危之际，与太子关系

紧密的外戚史丹，起而为太子保驾护航。

史丹，是外戚史高的儿子，担任驸马都尉、侍中等职务，经常与皇帝同车陪乘，很得宠信，并受命监护太子。他极力维护皇太子刘骜的既定地位，听到皇帝夸奖傅昭仪的儿子刘康，他就上前来说："所谓才干，是聪敏而好学，温故而知新，皇太子就是这样的人。如果以丝竹之技来评定才干的话，那么乐府令手下的陈惠、李徽二人比匡衡不知要高出多少倍，是不是也让他们来治理国家呢？"汉元帝不好意思地笑了。

汉元帝的幼弟，中山王刘竟病故，太子刘骜赶来吊唁，但脸上毫无哀戚之容。

刘竟名分上是刘骜的叔叔，但二人年龄却相差不多，从小一起在宫中游玩，十分亲密。汉元帝看见了儿子之后，就想起了这位幼弟，悲哀之情难于抑制，而看见刘骜却面无哀戚之容，汉元帝很生气，狠狠地说："像你这样心肠狠毒之人怎么能君临天下、继承父业呢？"

史丹于是急忙上前说："是我看见陛下哀痛中山王，怕因此损伤您的身体，所以在太子进来之前，就私下叮嘱他不要当面哭泣，以免感伤陛下。罪责在臣下，当死。"汉元帝这才稍稍消解了对太子的怨怒之气。

竟宁元年（前33年），汉元帝病卧后宫，傅昭仪及其儿子定陶王刘康，常在榻前侍奉，而皇后王政君和太子刘骜却难得见上一面。元帝的情绪随着病势越来越重，也变得怪异暴躁，并好几次询问尚书，想废掉太子改立刘康。这时皇后王政君的父亲王禁早已去世，由其长子王凤袭爵为阳平侯，并在朝中担任卫尉。王政君、刘骜和王凤忧心忡忡，感到前途不妙，最后还是请史丹出面，以稳定皇太子的地位。

史丹借着贴身宠臣的身份可以直入寝殿探病，一次，趁寝殿中只有元帝一人时，史丹独自进入室内，伏在元帝床前声泪俱下地说："皇太子以嫡长子的身份而立，已有十多年了。全国百姓，家喻户晓，万众归心，都愿意为臣子。可如果太子地位不保，改立刘康为太子的话，朝中公卿及以下官员，必然以死相争，不奉陛下诏书。臣愿陛下先赐我死，以警示群臣。"元帝心肠软，见史丹泣不成声，大为感动，然后表示不会废黜太子。史丹听后心里有底，连连叩头请罪。汉元帝接着说："我的病恐怕不会有好转的可能，希望你好好辅佐皇太子，不要辜负我的重托！"这样，皇太子刘骜的地位才稳定了下来。

史丹这段话，看似平淡无奇，但实际上绵里藏针，措辞相当强硬。汉元帝很早就看出皇太子刘骜耽于酒色而不胜大任，但在皇后家族和部分大臣的反对之下，最后还是没有如愿地废除。史丹是太子的师傅和监护人，太子妃是大司马车骑将军许嘉的女儿，汉宣帝母亲家族那一支王姓的代表王商也拥护太子，太子母亲王政君家族更是把太子地位看作命根所系。这样，当朝有势力的外戚都拥戴刘骜，朝中匡衡等高位大臣以及宦官石显等也是太子一党。太子已经羽翼丰满，其身后支持的势力就更多了。傅昭仪母子，除了得到皇帝的欢心之外，根本没有强大的家族背景作为后盾，在朝中也没有政治盟友作为辅佐。汉元帝当然知道自己一意孤行的严重后果，也就不得不退却让步了。从表面上看，似乎是史丹一言定乾坤，但在史丹背后晃动的应该是王凤的影子。由此可见，在太子的废立之间，是大有玄机的。

太子刘骜的存废问题，反映了当时皇氏家族之间内部斗争的激烈。

4.对外：平灭郅支，选策和亲

在皇权面临外敌威胁时，汉元帝积极求和，稳定边境安宁，促使自己的统治地位更加巩固。

宣帝时期，随着汉朝国力的增强，匈奴力量一再被削弱，汉匈关系发生了历史性的变化。到了汉元帝期间，汉匈关系出现了两件大事，一件是陈汤平灭匈奴郅支单于，一件是昭君出塞。

陈汤字子公，山阳人，不拘小节，文章通达，爱读书，属于那种懂诗书但决不受诗书约束的人。可是因为家穷整天借钱，乡里乡亲的都不喜欢他。于是陈汤想找一个出头的机会，就去了长安，很快就博得了富平侯张勃的赏识，向元帝举荐了他。

陈汤当然不能满足仰人鼻息的情形，没有家世没有财宝的他，选择请求外放以寻找立功的机会。当时匈奴郅支单于在西域气焰很嚣张，匈奴分裂后互相攻杀，杀到最后只剩下他和呼韩邪单于。后者不是对手，便向汉朝称臣，而郅支单于开始的时候也向汉朝示好，等击败了呼韩邪之后就狂妄起来，做了一些杀害汉朝使者等不利于汉匈团结的事。于是，陈汤被升到了西域副校尉，作为甘延寿的副手来到西域都护府。

汉元帝刚即位的时候，郅支单于自以为与汉朝距离遥远，加之怨恨汉朝支持他的仇敌呼韩邪单于，就与康居王勾结起来，并且有与汉绝交之意，在都赖水（今哈萨克斯坦恒逻斯河）畔兴建了一座郅支城（今哈萨克斯坦江布尔），作为自己进一步扩张势力的基地。郅支势力的发展，直接威胁了汉朝在西域的统治。陈汤奉命到西域了解情况。当陈汤得知郅支强大的消息后，便感到匈奴必将成为边疆之患，趁甘延寿生病之机，他矫诏调集各处屯田队和西域一些小国的兵力共4万人马，进攻郅支，获得大胜。至此，汉朝最后消灭了虎视西域的敌对势力。以后近40年，西域维持着和平状态，中西交通畅行无阻。

郅支被杀之后，呼韩邪单于的地位算是稳定了，内心十分感激，一心想和汉朝和好。于是，呼韩邪单于三次入长安朝汉，并表示愿娶汉女为阏氏。元帝也愿意用婚姻的形式巩固汉、匈之间的友好关系，宫女王嫱不仅人长得十分漂亮，而且还颇有见识，她为了自己的终身和国家利益，毅然选择报名，自愿到匈奴去和亲。

王嫱，字昭君，南郡秭归（今属湖北）人。王嫱虽然仪容雅丽、举止端庄，因未受皇帝封诰，所以在后宫的地位极其卑微，不受重视。但当历史提供给她机会时，她主动请行，自愿远嫁匈奴。这位胆识不凡的汉家宫女，为促进汉匈民政团结，自愿出塞履行政治联姻，成为了名垂青史的杰出妇女。

王昭君远离自己的家乡，长期定居在匈奴。她劝呼韩邪单于不要发动战争，还把中原文化传给了匈奴。汉元帝认为这次政治联姻可使"边陲长无兵革之事"，特意把年号改为"竟宁"，意即边境安宁之意。呼韩邪单于封王昭君为"宁胡阏氏"。意指"匈奴得到昭君，国家就安宁了"。从此，汉匈长期战争状态宣告结束，双方一直保持着友好的关系，汉匈民族间政治、经济、文化的联系和交流有所发展，边境安宁，有六十多年没有发生战争，百姓得以免遭战乱之苦。

第九章 昏庸至极 成帝刘骜 哀帝刘欣

汉成帝刘骜（前51年—前7年），西汉第九代皇帝。字太孙，元帝刘奭长子，母王政君。公元前33年继位，在位26年。谥号"孝成皇帝"，庙号"统宗"。他自甘堕落，迷恋酒色，荒淫无道，不理朝政，最后竟死在"温柔乡"中，在中国古代昏君的排行榜上赫赫有名。

汉哀帝刘欣（前25年—前1年），西汉第十代皇帝。元帝之孙，成帝之侄，定陶王刘康之子。生于成帝河平四年（前25年），母亲丁氏。成帝死后即位，在位仅6年即病死，谥号孝哀皇帝。哀帝时期是公认的"极乱"时代，西汉的政治昏暗至此达到极点。在哀帝统治时期，汉朝的政权摇摇欲坠，统治阶级的权力之争更加尖锐，统治危机日益加深。

1. 权力之争：许王之争，王氏满长安

一个无能的皇帝，必然会导致外戚对权势的角逐，权力之争的硝烟，在刘骜的皇帝宝座边弥漫。

汉元帝晚年，皇后王政君、太子刘骜和以她们母子为首的王氏家族经历了一次惊心动魄的政治危机，之后，王氏集团深刻地认识到失去权力的可怕性，所以他们考虑最多的是如何牢牢掌握手中的权力。王政君原本是宣帝时的宫女，因为一个极为偶然的机会受宠而怀上了身孕，并生下了后来的成帝刘骜。在汉元帝即位后，王政君因母以子贵的原因成为皇后，她的位置虽然巩固了下来，却一点也不受宠爱。元帝去世后，成帝即位，王政君成为皇太后，她的长兄王凤以大司马、大将军的身份专断朝政，王氏权势甚至超越了当年的霍氏。于是，一个小小的无名宫女，至此竟阴差阳错地被历史推上了权力的巅峰。

成帝的皇后许氏在这时还能牵制王氏。许皇后是元帝的母亲许平君堂兄许嘉的女儿。许平君早年在民间备历艰辛，养育元帝，不料却在当皇后不久就被觊觎皇后位置的霍家毒死，这是元帝一生中最为遗憾和懊悔的事，他对此一生都念念不忘。也正因为如此，元帝很亲近倚重许氏，封许平君的堂兄许嘉为大司马、车骑将军，对许嘉言听计从，后来又将许嘉的女儿许配给儿子成帝。当初许氏被送到太子府去的时候，跟她一道去的小黄门回来后向元帝报告太子对许嘉的这个女儿很满意，元帝当场就兴奋地以酒来助兴。可见，当时许氏家族是很受宠幸的。

王政君曾经是一个多年受冷落的宫女，元帝所做的一切便勾起了她深埋在心底的嫉妒之心。另外，许嘉的辅政地位对王凤专断朝政的潜在威胁，也是王政君所不能无动于衷的。恰逢此时出现日蚀，按照汉朝当时的说法，日蚀是阴盛于阳，外家太重，当时朝中上下都在怪罪王凤的独断专行惹怒了上天，可是，深谋远虑的王政君却转而追究许氏的责任。许嘉无奈，只好请求辞职以避嫌，王政君与许氏的初步交涉，以王政君获胜告一段落。

许氏家族通过这件事知道了王政君的计划，从此深深地明白了在这个后宫中还有一个王政君是不能忽视的，惴惴不安的他们无法在权力上与王氏家族对抗，只好转而求助于鬼神，希望鬼神能帮助自己诅咒王氏家庭。不久，密谋败露，许皇后的姐姐许谒首先被逮捕下狱处死。王政君岂能放过这个机会，于是案情很快牵及许皇后，许皇后因此废徙昭台宫，许氏子弟也被全部逐出长安，放还乡里。就这样，许氏家族被王氏家族彻底击败了。

摆脱了许氏羁绊的王氏，开始尽情扩展权势：王凤死而王音辅政、王音死而王商辅政、王商死而王根辅政、王根死而王莽辅政，国家辅政大权，尽归王氏私家授受。王凤、王崇、王谭、王商、王立、王根、王逢时、王莽踵继为列侯，势倾天下。王氏其他子弟也都占据显官，或为九卿，或为侍中，或为尚书诸曹，布满朝堂，盘根错节，满朝官员无不侧目而视。

但王氏擅权之所以得以实现，又与汉成帝和王莽相关。元帝在位时，宦官石显权势炙手可热，汉成帝即位后，用明升暗降的办法任命石显为长信中太仆，这是太后宫中管车马的官，秩中二千石。石显因此在朝中成了有职无权的摆设，他原先的走卒，时任丞相的匡衡和御史大夫张谭等便联名上疏揭露石显及其党羽过去的罪恶。于是，石显被免官逐回家乡。石显死于中途，他的党羽也纷纷被免官。石显的落败表明汉成帝开始打击宦官势力，但同时也为王氏擅权埋下了伏笔。

成帝继位，王政君的弟弟王凤以日蚀之说迫使皇后之父许嘉引退，随后又排挤了能力强、名声大的冯昭仪的弟弟冯野王。

当时，唯一能与王凤相抗衡的人叫王商。这个王商是涿郡蠡吾（今河北博野）人，与王凤的弟弟同名，他的父亲王武是汉宣帝的舅舅，堂兄王接曾任大司马车骑将军。王商在政坛上稳步高升，不但有外戚家族的背景，而且政治识见和能力，都不在王凤之下，是一个活跃于元、成政坛上的人物。王凤与王商两人在许多问题上意见不同，关系渐渐紧张。王凤与外戚史丹合谋陷害王商，王商被免相后三天就大口吐血，悲愤而死。其子弟亲戚有在宫中任职的，一律被赶出长安城。至此，王凤专制朝政，已没有了强大的反对派。

就在王氏家族飞黄腾达、炙手可热的时候，一个与王氏家族有关系的人物王莽开始崭露头角。王莽字巨君，生于元帝初元四年（前45年），是王凤的二弟王曼的第二个儿子，王曼因为早死而没有封侯。王莽相貌奇丑无比，短下巴，大嘴叉，红眼珠，金鱼眼，声音嘶哑，大嗓门。他哥哥早早就死了，所以年纪轻轻，他就成了家庭的顶梁柱。王政君成为皇太后那年，王莽还是个未成年的孩子，仅有14岁。

被王氏家族冷落的王莽母子相依为命，过着十分清寒的生活。但王莽从小饱读诗书，在儒家思想的熏陶下，谦恭谨俭、温文尔雅，处处表现出一个年轻儒者的风范。年轻的王莽与他那些飞扬跋扈的喜好寻欢作乐的堂兄弟们截然不同：他对外结交一些英俊的朋友，又拜当时著名的学者陈参为师，攻读经书、孜孜不倦，待人接物恭敬有礼，尤其是侍奉执掌大权的伯父、叔父们，更是小心翼翼；对内孝敬寡居的母亲，照顾兄长的遗孀，耐心教育顽皮的侄子。由此，王莽得到了人们的广泛赞誉，为他日后的政治生涯打下了良好的基础。

汉成帝阳朔三年（前22年），王莽那位执掌朝廷大权的伯父王凤病倒了，王莽几个月如一日地在床前尽心竭力地侍奉伯父，最后累得蓬头垢面，疲惫不堪。王凤大受感动，临死前拜托皇太后王政君和外甥汉成帝，让他们关照一下王莽。随后，王莽有了第一个职务——黄门郎，24岁的王莽从此开始了他的政治生涯。

　　永始元年（前16年）五月，汉成帝提升王莽为骑都尉、光禄大夫、侍中。王莽身兼数职，进入了朝廷政权的核心，年仅30岁的他，这时已跃居几个叔叔之上，成了很有权力地位的重臣了。

　　站在历史的角度来看王氏的擅权，不能不说是有其必然性的。西汉的车轮驶进汉成帝时，已经进入了没落的时代。汉成帝的无能以及他所执行的打击宦官和利用一方外戚来排挤另一方外戚的做法，一定会造成王氏满长安的局面，以及本章开头叙述的那一幕许王之争。

2. 飞燕争宠：一场新旧势力的争斗

一个掌握大权的领导者，最忌"不务正业"。沉迷女色，生活腐朽糜烂，昏蒙的皇帝必然会导致家族内部战争愈演愈烈。

在中国古代有"红颜祸水"一说，认为漂亮的女子会祸国殃民。其实，女人长得漂亮本身并没有过错，真正祸国殃民的是掌权的皇帝。皇帝为美色所迷，以致荒淫无度，不亲政事，而造成民不聊生的局面，汉成帝就是这样一个整天沉湎于醉生梦死之间的昏君。

在整个成帝时期，最受皇上宠爱的就数赵飞燕姐妹俩了，其中赵飞燕还成为了成帝的第二任皇后。

赵飞燕出身微贱。她出生后，父母因家贫无力抚养，将她弃置野外，孰料三日不死，父母就又将她抱回家勉强养活。稍大一点，赵飞燕就被卖到阳阿公主家做歌舞伎。她天资聪明过人，练就了迷人的歌喉和高超的舞技。

一次，汉成帝"微行"经过阳阿公主家，阳阿公主盛宴款待，唤出几名歌伎为汉成帝歌舞助兴。赵飞燕勾人魂魄的眼神、清丽动人的歌喉、袅娜的舞姿，一下子就倾倒了成帝，成帝便将赵飞燕带回宫去，让她成为昭阳殿的新主人。

由于赵飞燕的获宠，赵氏一门大得荣光，她父亲赵临和兄弟赵钦先后被封为成阳侯与新成侯。然而，在外戚势力逐渐膨胀的西汉中后期，勋戚霍氏、许氏、王氏等先后秉掌朝政，人少族微的赵氏根本无法与之相比。

同时，微贱的出身还为赵飞燕能否固宠罩上了一层阴影。既蒙皇上宠幸，还得委曲求全，赵飞燕的心中自然不是滋味。为了打破形单势孤的局面，她有计划地在枕边进言，终于在她进宫半年之后，她的妹妹赵合德也被引进宫来，通过姐妹并宠做保障，以弥补家族势力的不足。赵合德生得体态丰腴，玉肌滑肤，其美艳妩媚与赵飞燕不相上下。赵飞燕姐妹入宫后，即以新宠的骄姿，向许皇后、班婕妤二人发动进攻，一场新旧之争遂在后宫展开。

当时汉朝一连三年出现日蚀，朝臣们将这"阴盛"之象归咎于王氏专权。而王氏的党羽谷永却将矛头移向许皇后，说是自许皇后被冷落以后，就经常发生日蚀，这是由于她"失德"造成的。于是，许皇后的开支被减省，甚至连皇帝的面也见不上了。蒙冤的许皇后一肚子怨气无从发泄，她的姐姐平安侯夫人许谒想出在背地里装神弄鬼的办法，恶毒诅咒车骑将军王音和后宫中一个有身孕的王美人。这件事很快被王氏家族掌握，但他们却让赵飞燕替王氏家族跑到前台做揭发，许谒等人被处死，许皇后被收回皇后印绶，许氏家族的所有成员被流放。赵飞燕在控告许皇后的同时，把班婕妤也一并捎上了，班婕妤据理力争，说服了成帝，才得以保全性命，并被赐以黄金百斤。之后，班婕妤识时务，激流勇退，主动隐居长信宫中侍奉皇太后去了。

赵飞燕觊觎皇后的位置很久了，许皇后被废，赵飞燕就闹着让成帝立她为皇后。皇太后王政君认为赵飞燕出身微贱，就阻拦这件事，淳于长从中斡旋，赵飞燕才如愿以偿地登上了皇后的宝座。

淳于长是皇太后王政君姐姐的儿子，与王莽是亲表兄弟。淳于长跑到王政君面前说："立赵氏为后，不会对王氏家族的专权构成威胁！"王政君终于被说服了。永始元年（前16年），成帝立赵飞燕为皇后，同时晋赵合德为昭仪，又把昭阳殿赐给赵合德一人居住。

虽然赵氏姐妹专宠十余年，但是她们始终没有为汉成帝生下一儿半女，在"家天下"的封建专制时代，皇帝无嗣是一个严重的社会问题，让朝堂上下无不忧心。为此，赵氏姐妹也深深地为自己将来的命运担忧。

　　赵氏姐妹自己不能生育，也不许别的妃嫔生育。后宫许美人怀孕了，成帝暗中派御医去探视，又送许美人三粒名贵的养身丸药，作保胎之用。许美人生下儿子以后，赵合德知道了，大哭大闹了一场，最后胁迫成帝亲手掐死了自己的儿子。

　　宫中有个叫曹宫的女官，怀上了成帝的孩子，在临产时，赵合德命中黄门田客拿着皇帝的诏书，毒死了曹姬，那婴儿被乳母张弃抚养了11天，即被宫长持诏书取走，不知下落。

　　赵氏姐妹的残忍令人发指，而汉成帝的昏蒙也无以复加。当时有讥刺赵飞燕姐妹的童谣道："燕飞来，啄皇孙。皇孙死，燕啄矢。"这是一场新旧势力的斗争，是赵氏、王氏、许氏家族内部之间的矛盾斗争。在这场斗争中，赵飞燕虽然当上了皇后，但是王氏家族的势力还是在朝中占了上风。

3. 以侄为嗣：新旧外戚较量的结果

按照传统的宗法制度，国不可一日无君，汉哀帝以成帝侄子的身份入继大统，是新旧外戚较量的结果，也为其后的皇朝之争埋下了伏笔。

汉成帝无子，继嗣不立，这是人心浮动的一大问题。为了安定人心，西汉统治集团的最高决策层，惟一的念头就是让汉成帝赶快把皇位继承人确定下来。元延四年（前9年），年过四十的汉成帝自知生子无望，精心安排中山王刘兴和定陶王刘欣以朝贺的名义来到京城，准备从中确定一人为继承人。

汉元帝一共有三个儿子：王政君的儿子刘骜即汉成帝入继大统；傅昭仪的儿子刘康被封为定陶王；冯昭仪的儿子刘兴被封为中山王。元帝死后，傅昭仪随儿子刘康到了定陶国（今山东定陶），称定陶太后；冯昭仪也随儿子刘兴到了中山国（今河北定州），称中山太后。这时刘康已死，继承定陶王位的是他的儿子刘欣。

奉成帝诏命来京时，刘欣已经17岁了。傅太后对这次朝贺的目的与意义早已心知肚明，她事先就做了精心的安排，并且亲自随同赴京。

定陶王刘欣来京朝贺，傅、相和中尉三位高级官员一路陪同；而中山王刘兴的身边只有傅一人。汉成帝有些奇怪，就先问定陶王刘欣："为什么带这些人来京？"刘欣回答说："律令规定，诸侯王入朝，可以由其国二千石的官员随从，所以他们全部跟我来了。"汉成帝让他背诵《诗经》，刘欣不但背得熟练，而且还能很好地解释其意。

第二天，汉成帝又问中山王刘兴："为什么你只带一个人来京朝贺？"可中山王却一脸疑问，不知如何回答。让他背诵《尚书》，刘兴不但背不熟练，而且中间部分还不会，解释就更不用说了。最后成帝与他共餐，成帝都已经撂筷了，刘兴还在那里吃得津津有味，一点礼节、时务都不懂，吃饱后起身下去时，袜带松开了，自己还不知道。

这种强烈的反差，使成帝更加确定定陶王刘欣具有承担大任的能力，而中山王这位老弟实在不才，所以他对这位侄子格外亲热。

实际上，为定陶王刘欣说好话的还有汉成帝所宠信的赵昭仪和掌握朝政大权的皇舅王根。刘欣的祖母傅太后，是一个久处深宫、饱经风霜的女人，深谙最高层中的玄机。她手中握有大量的黄金和稀世珍宝，又深谙世态人情，此时正秘密地进行走后门活动。她瞄准了赵飞燕姐妹和大司马骠骑将军王根，她所准备的让人心动不已的大礼，果然奏效，三人分别痛快地答应了。于是，他们在成帝面前不遗余力地吹捧定陶王。

汉成帝为侄子刘欣举行了象征成人的冠礼，又暂时把他送回定陶。第二年，绥和元年（前8年）二月，汉成帝召集丞相翟方进、御史大夫孔光、右将军廉褒、后将军朱博等人会集皇宫，讨论定陶和中山二王谁作为皇帝继嗣最好。会上出现了两种不同的意见：支持刘欣为王的有翟方进、王根、廉褒、朱博等，他们认为皇上兄弟的儿子就像自己的儿子一样；而支持刘兴为王的只有孔光一人，他认为立嗣以亲，应该看重血缘关系的亲疏，中山王刘兴是先帝的儿子，是皇帝的亲弟弟，要比兄弟之子的血缘更近。最后，汉成帝正式收刘欣为养子，立其为皇太子，并派人迎接定陶王入长安。

按照传统的宗法制度，一旦入继大统，就是别人的儿孙，对亲生母必须斩断亲情。于是皇太子祖母、生母和王太后等人的关系如何处理是新的矛盾，这也为汉哀帝时期皇朝之争埋下了伏笔。刘欣立为皇太子仅一年，汉成帝就"龙驭上宾"了。20岁的刘欣登上皇帝宝座，尊王政君为太皇太后，尊皇后赵飞燕为皇太后，立王妃傅氏为皇后，历史上称为汉哀帝。

4. 傅氏争宠：王氏家族与傅氏家族之间的争斗

皇室之争在封建社会是难免的，外戚专权势力愈演愈烈，各路人马针锋相对，为达到自己的目的而费尽了心机。

公元前7年3月，汉成帝驾崩，汉哀帝即位。汉哀帝不是汉成帝的儿子，这为王氏家族与傅氏家族的皇室之争埋下了隐患。哀帝即位几天后，新的较量开始了。他遵循皇太子时期的允诺，遵奉皇太后王政君为太皇太后，庶母赵皇后为皇太后。但汉哀帝有意绕过王莽，向丞相孔光和大司空何武询问："定陶王太后应当住在哪里比较合适？"这是个挑战性的、蛮横无理的难题。说它蛮横无理，是因为哀帝已过继给成帝了，根据"为人后者为人子"的传统，他必须斩断与亲生父母及家族的一切关系。为此，哀帝的祖母傅太后和他的母亲丁后，按照协议仍应居住在定陶国。说它具有挑战性，因为这是借抬高傅氏以排挤王氏，现在提出这个问题，就是破坏传统和撕毁协议。

丞相孔光为人正直，担心傅太后一旦入宫就会干政，便似答非答，模棱两可。大司空何武则极力讨好皇帝说："可住北宫。"哀帝马上采纳了他的意见。

汉哀帝立妻子傅氏为皇后。高昌候董宏见皇上立了皇后便附和哀帝心意说："皇上的生母丁姬应该立为太后。"当时左将军师丹和大司马王莽极力反对，认为再立皇上的生母为太后，就会破坏天下一统的至尊称号，扰乱朝政。汉哀帝刚刚即位，自然会比较收敛，他采纳了师丹和王莽的意见，把董宏免为平常百姓。

看到这种情况，太皇太后王政君为了长久地保住自己的地位，就下诏同意汉哀帝的祖母傅太后，以及母亲丁姬每十天可以入未央宫面见皇上一次。

傅太后得寸进尺，让哀帝给她上尊号，并晋封傅氏家族的亲属。傅太后在宫中大吵大闹，王政君为了息事宁人，马上下诏，尊哀帝死去的父亲为恭皇，以便为傅、丁二人上尊号创造条件。在王政君的允诺下，哀帝在即位的第二个月，先立傅太后的叔伯弟弟傅晏的女儿为皇后，与成帝一样娶表姑为妻。紧接着，汉哀帝下诏尊傅太后为恭皇太后，尊其母为恭皇后，待遇如王政君、赵飞燕。又追封皇太太后的父亲为崇祖侯、帝太后的父亲为褒德侯。

此外，汉哀帝还大封傅氏和丁氏家族的人。太皇太后王政君眼看傅家得势，为了保存实力，就让王莽辞退大司马之职，转而封傅皇太太后的侄子傅喜为大司马、高阳侯。汉哀帝即封他的舅舅丁明为阳安侯，丁满（大舅的儿子）为平周侯，丁望为左将军，封叔外祖父丁宪为太仆。不久，汉哀帝即封二舅丁明为大司马骠骑将军来辅佐朝政。封傅晏为大司马、孔乡侯；封傅商为汝昌侯，封郑业（皇太太后的弟弟郑浑的儿子）为阳信侯。很显然，汉哀帝想提升傅、丁两家族的地位，希望以此来压倒太皇太后王家的势力，寻求自己皇位的平衡。

过了一段时间，司隶校尉上告曲阳侯王根的种种受贿罪行，并告王根兄弟的儿子成都侯王况擅自娶皇宫里的贵人为妻，违背了作人臣的礼节。这时，早就想铲除王氏家族势力的汉哀帝便依据这一奏请，下诏罢免了王况的官职，命令王根离开长安去曲阳。接着，汉哀帝又罢免了王根、王商、王况门徒中为官者几十人。这样，王氏家族的势力一蹶不振，仅仅剩下太皇太后王政君一人支撑，但就是她，为以后王莽篡汉留下了机会。

虽然王氏家族在朝中的势力基本被剪除完毕，但王莽坚信，只要姑姑王政君还在，王氏家族总会有重见天日的机会。为了准备东山再起，王莽夹着尾巴做人，少跟外人来往，避免惹是生非。他的次子王获杀了奴仆，王莽要王获自杀，以图博得更多的赞誉。王莽回到新都封地时，南阳太守特地派最有名望的大学者孔休管理王莽的封地。王莽很感激，就将玉器和宝剑送给孔休，孔休不肯收，王莽又得到了礼贤下士的美名。王莽的假仁假义起了作用，举国上下出现一片对王莽的赞美之声，同时，为王莽被免官而鸣冤叫屈的人也比比皆是。

在汉哀帝在位时，外戚傅氏、丁氏两家权倾朝野，富贵无比。但这种情况并没有维持多久就随着汉哀帝的驾崩而扭转了。汉平帝即位之后，太皇太后王政君重新掌权，严厉打击傅、丁两家外戚势力。至此，汉廷的皇室之争告一段落，皇朝大权又重新归于外戚王氏家族了，直至王莽篡权改政。

5. 救亡措施：面对危机，作垂死前的挣扎

哀帝没有足够的力量来挽救皇权，面对危机，他做了一些无能的补救措施，却引得大臣的不满，最终自己在生死边缘间挣扎。

哀帝时期，西汉的政治昏暗到了极点，是公认的"极乱"时代，汉朝的国运已走到了尽头。汉哀帝虽然极力挽救西汉王朝的衰退之势，但毕竟仅凭一人之力是不可能扭转历史大势的。在汉哀帝短短的六年统治中，他曾几度试图解决严重的社会问题，都无果而终。

汉哀帝20岁即位，即位之初就把汉成帝时期横行一时的王氏外戚势力消灭掉。他从整肃王氏家族的势力中总结了一些教训，认识到身为皇帝必须自己独掌大权，他想大干一场，以挽救即将衰落的汉朝命运，并且想要迫使群臣绝对服从自己的权力意志。

他下令限田、限奴婢，企图以此措施使汉家摆脱厄运。具体规定：诸侯王的奴婢以200人为限，列侯、公主100人，吏民30人；诸侯王、列侯、公主、吏民占田不得超过30顷；商人不得占有土地，不许做官；超过以上限量的，田畜奴婢一律没收入官。

这个方案虽然给了官僚地主极大的优待，但却遭到了把持朝政的权贵们的反对，尤其遭到了丁、傅两家外戚的反对。哀帝自己就带头破坏了这一规定，他竟一次赏赐董贤2000多顷土地，是限田最高额的近70倍。于是，限田、限奴婢令成为一纸空文。

除此之外，哀帝还下达了一系列诏令，然而，全都成为一纸空文。汉

哀帝那股雄心勃勃的锐气很快就消失得无影无踪，同时，他又走向了另一个极端：整天抱怨、疑惧、怀恨、沮丧。连缓和社会矛盾的细微兴革，也难以推行，这表明西汉王朝已经腐朽到了极点。在这种情况下，汉哀帝便沉溺于与董贤的同性恋之中，希望能从烦心的国事中解脱出来，以寻求精神上的刺激和满足。

董贤，（前23年—前1年），西汉云阳（今陕西淳化西北）人，字圣卿。为汉哀帝所宠幸，而官至大司马，操纵朝政。他的父亲、弟弟及岳父等都官至公卿，建第宅，造坟墓，费钱以万计。

董贤生来就带有一种女性的柔媚，娇声下气，长得漂亮，喜欢打扮，讲究仪表美，本是个举止轻浮的人，但哀帝竟迷上了他，居然让他侍寝，不久就有了肌肤之亲。董贤一月三迁，升任驸马都尉传中，出则与汉哀帝同车，入则共床榻。有一次，汉哀帝一觉醒来，想从被窝里爬出来，可衣袖却被董贤压住，哀帝生怕惊醒董贤，居然悄悄地用剪刀把衣袖剪断，独自一人起来，所以后来人称哀帝有"断袖之癖"。之后，董贤的地位一路晋升。元寿元年（前2年）十二月，汉哀帝晋升董贤为卫将军。这位22岁的年轻人就这样凭借色相控制了西汉的最高权力，其嚣张气焰远远超过了外戚集团。

汉哀帝刘欣的所作所为，使得很多大臣十分反感。但是，由于董贤小人得志，一时还没有人敢于下手。公元前1年（元寿二年），在位6年的刘欣一病不起。这时，太皇太后王政君就让侄儿王莽名义上协助董贤处理刘欣后事，实际上要他找机会除掉董贤。结果，王莽按照姑妈的意思，很快夺了董贤官爵，并逼得董贤自杀身亡。董贤的所有财物被官卖，价值四十三万万钱。

第十章 短命皇帝 平帝刘衎 孺子刘婴

汉平帝刘衎，（前9年—5年），西汉第十一代皇帝。中山孝王刘兴之子，汉元帝之孙，汉哀帝的堂弟，袭父封为中山王。哀帝死后无子，权臣王莽于是迎立年仅9岁的刘衎为帝。公元1年时继位，第二年改年号为"元始"，14岁被害，在位5年。谥号"孝平皇帝"。

刘婴，生于元始五年（公元5年），是汉宣帝的玄孙，楚孝王刘嚣的曾孙，广戚侯刘显之子。平帝被毒死后，年仅两岁的刘婴继位为太子，史称"孺子婴"。由于王莽摄政，改年号为"居摄"。9年，王莽称帝，改国号为"新"。西汉共历214年，至此灭亡。

1. 继位登基：立幼子，汉室被王氏家族玩弄于掌心

一个有位无权的皇帝，任其外戚执权，自己则成为被人玩弄的玩偶，一任江山在乱世中飘摇。

公元元年六月，年仅26岁的汉哀帝刘欣一命呜呼，给风雨飘摇的汉家江山带来了更多的忧患。汉哀帝无子继嗣，临终前也没有指定继承人。在这样的局面下，他的祖母，71岁的太皇太后王政君又一次成为关键时候的关键人物，决定了历史的走向。王政君在汉哀帝去世的当天，乘车赶到未央宫，把象征皇帝权力的玉玺收在了自己的手中。

收回玉玺后，为汉室计，王政君遣使者将王莽召入宫中，拜王莽为大司马，与他商议立嗣之事。在王莽的建议下，翦除了哀帝时期得势的董贤，铲除了傅氏、丁氏等外戚势力，废掉了赵皇后和傅皇后。国不可无君，太皇太后王政君于是与王莽商议，迎立中山王刘兴之子刘衎入继大统。

公元元年秋天，在公卿和大臣们的拥戴下，一个年仅9岁的孩子登上了未央宫前殿皇帝的御座，他就是西汉的第十一代皇帝——汉平帝。

这时的西汉王朝实际上已被王氏家族所控制，而刘氏家族至此已经没有什么权力可言了。

2. 贪婪无耻：要实权、玩禅让，上演政治闹剧

> 一旦有权在手，就又想打更高的如意算盘，世间的野心家大抵
> 如此。

在平帝即位以前，王莽始终是一个躲在幕后的神秘人物，没有显著的政绩，也没有高明的政见，更没有满腹经纶，只在道德人品上有口皆碑，但当时没有人知道他的真实想法，更没有人知道他是个彻头彻尾的伪君子。

人的欲望是无止境的。王莽当了大司马，位极人臣，但仍不满足，他还很贪婪地想要个更高的名号，想要做辅助周成王的周公。王莽为了要实权、冒充周公，就在宫中上演了一场政治闹剧。当时益州（今四川）的地方官员、西南少数民族越裳氏首领贡献白雉一、黑雉二，以示对西汉帝的臣服。先是太后王政君向列祖列宗报喜，然后是群臣众口皆碑地称颂王莽的无量功德，应封号为"安汉公"以顺人心。太后王政君立即答应，而王莽则虚伪地一让再让，表现出了极大的谦逊，最后，王莽还是被封为"安汉公"，总管太傅、太师孔光、太保王舜和少傅甄丰等四辅之事，王莽任太傅。

这回王莽终于有名号了，但是他并不满足于此，他想要实权，他想要太皇太后手里的权力。于是，王莽暗示亲信，说太皇太后年事已高，应该过清静的生活、安享晚年，不必再管官吏的事，可由安汉公负责审查。太皇太后王政君觉得有道理，便下诏除封爵外，其他事都托王莽代管。

　　人事大权历来是最大的权力，王莽利用手中的大权趁机拉帮结派，排除异己，有了相当于皇帝的实权。

　　为了巩固自己的权势，王莽刚做了安汉公不久，就把自己的女儿嫁给汉平帝作为皇后。王莽的女儿立为皇后之后，有人上书说王莽与殷朝的伊尹、周朝的周公一样，是当代的伊尹和周公，应该把伊尹和周公的号位结合起来，称为"宰衡"。接着，王莽便被加上"宰衡"的称号。

　　至此，三公向宰衡说事要用"敢言之"，"宰衡"一职地位高于任何刘姓诸侯王，官吏则不许与王莽同名。平帝只好照办，封王莽的两个儿子王安和王临为褒新侯和赏都候，王莽的母亲赐号"功显君"。可是，王莽还不满足，还要向最高权力作一次力度更大的冲刺。

　　王莽征集天下通古文、今文、经学及天文、历算、兵法、文字方术、本草的士人数千到京师，筑学社万间，容纳一万零八百人。这样，王莽仅利用四年的时间就把制度订好了。群臣都纷纷拿他同周公作比较，当年周公还用七年才制定好的，如今安汉公才用四年，应该封赏。派往各地了解民情的八位风俗使臣回到长安，带回各地歌颂王莽的民歌三万字。吏民也陆续上书，请求加赏安汉公，可见王莽确实已经尽得天下民心。太皇太后见朝野上下如此，就下诏给王莽九锡封典。

　　对大臣加九锡是极少有的现象，西汉仅有平帝加给王莽一例；后代，加九锡成为夺权的前奏，权臣有了九锡，就是预备中的皇帝。大野心家王莽从幕后走向前台，光明正大地窃据了最高权力。

　　平帝渐渐长大，他对王莽的飞扬跋扈日益不满，但他还是个不成熟的孩子，心中的不悦往往挂在脸上。王莽对此深感不安，于是他下定决心除掉平帝。元始五年冬，王莽借着过腊八节进酒的机会，在酒中下了毒药，14死的平帝就这样悲惨地结束了他短暂的一生。从此，西汉的历史就要由王姓来写了。

3. 权臣篡汉：王莽建新，历史重现乱局

权臣篡位，他们依靠着皇亲国戚的支持，为了自己的利益不仅为所欲为，操纵朝政，甚至连皇权的继承都被他们掌握，使历史处于乱世局面。

公元5年，汉平帝被王莽毒杀之后，西汉王朝实际上已经掌控在王莽手中了。但是，王莽觉得代汉自立的时机还不成熟，于是决定再立一个傀儡皇帝。汉平帝去世时年仅14岁，没有留下子嗣。汉元帝的世系绝嗣，汉宣帝的曾孙中，有诸侯5人、列侯48人。按照"兄终弟及"的古制，是可以从中选取帝位继承人的。但王莽看到这53个人年龄都比较大，怕立为新君后自己权力受阻，就从宣帝的玄孙中选择最年幼的广戚侯刘显的儿子——刘婴来继承帝位，刘婴当时才两岁。

年逾古稀的太皇太后王政君虽然重用娘家的人，但本心还是想守住刘家的社稷江山，她没有料到王莽竟然有篡夺皇位的野心，不禁气愤至极，给予王莽严厉斥责。但这时王政君已经没有办法阻止王莽的图谋了，被逼无奈，只好同意王莽居摄。

从此，摄行皇帝之事的王莽穿着皇帝用的蔽膝，戴着皇冠，站在门窗之间，面向南，朝见群臣，听决政事。他的车驾出太皇宫，两边都是侍卫。自古以来，礼仪便是身份和名位的标志，王莽享用皇帝之仪，标志他有至高无上的权力。王莽作摄皇帝，是外戚专权的必然结果。无论"假皇帝"还是"摄皇帝"都是代理皇帝的意思，但实际上王莽的权势早已超过

了坐在帝位上的孺子婴了，只是没有宣布改朝换代而已。从此，王政君作为维护刘氏政权的形象，一去不复返了。

王莽当上摄政皇帝以后，立刻引起了固守刘氏汉室的"正统"观念的朝臣和宗室子弟的不满，他们彻底识破了王莽假仁假义的面具，大多数权臣都表示不愿意做官，以示对王莽的反抗。

王莽虽然对刘姓贵族极尽拉拢、防范之能事，但还是引起了农民起义。最终在王莽军队的镇压之下，起义被平息了。平息起义后，王莽更是踌躇满志，他以一个盛气凌人的军事强人的姿态出现在大小臣子面前。胜利让王莽有恃无恐，加快了他当真皇帝的步伐，同时也加速了他的毁灭。

王莽提出要把"摄阳帝"中的"摄"字去掉，把"居摄三年"改为"初始元年"（公元8年）。太皇太后不得不同意，王莽的弄假成真走出了第一步。接着，在王莽的授意下，西汉朝廷演出了一场"禅让"的政治闹剧，王莽坐在未央宫的前殿，登上真天子宝座，把国号改为"新"，把十二月初一作为始建国元年的正月初一。

历次的改朝换代，最可悲的都是末代皇帝，孺子婴不仅连个皇帝的名号都没有，而且5岁时就成了亡国之君。王莽封刘婴为"安定公"，但不准他回到封国，而是将刘婴软禁在京城。从此，西汉就走到了尽头，共历214年，汉高祖刘邦辛辛苦苦打下的江山也就改姓王了。

第十一章　光复汉室　光武帝刘秀

　　光武帝刘秀（前6年—57年），字文叔，是汉景帝支系，汉高祖刘邦九世孙，景帝第十子长沙定王刘发的后代。刘秀28岁加入绿林起义军，更始三年（25年）30岁时称帝，在位33年。谥号"光武"，庙号"世祖"。刘秀建立东汉政权后，以柔克刚，以文治国，与民休息，善待功臣，促进了经济的发展，开创了"光武中兴"的盛世，他是中国封建社会历史上影响颇大的一位帝王。

1. 潜龙在渊：昆阳大战，夺回刘氏天下

刘秀有勇有谋、智勇双全，怎能容忍刘氏江山落于他人之手，
以少胜多的著名战役昆阳大战，吹响了他兴复汉室的政治进军号。

公元8年，汉室外戚王莽篡夺刘姓政权，建立"新"朝。刘姓贵族的
爵位都被剥夺了，王莽对他们很不客气，各地的地方官也趁人之危，对刘
姓贵族有很多侵犯。这样一来，严重激化了刘姓宗室贵族与王莽政权的矛
盾。在王莽的高压之下，关东农民群起造反，一时声势浩大，南阳蔡阳人
（今湖北枣阳）刘演、刘秀兄弟在风起云涌的农民起义中崭露头角。

刘秀出生于济阳（今河南兰考东北），其父刘钦世袭春陵侯，担任过
南顿（今河南项城）令，在刘秀九岁时去世。刘钦死后，刘秀由叔父刘良
抚养。刘秀的母亲姓樊，名娴都，她的父亲樊重，是南阳湖阳（今河南唐
河县西南湖阳镇）的一个富豪，财力雄厚，富甲一方。刘钦与樊氏生有三
子三女，长子刘演，次子刘仲，长女刘黄，次女刘元，刘秀是家中老五，
下面还有一个小妹名刘伯姬。

刘秀是西汉刘姓宗室景帝支系后裔，祖上曾世代为官，属于贵族阶
层，但他的父亲、叔父都只当到县令，而到他这一代，已无官无职，成了
平民百姓。不过，刘秀的姐夫邓晨是家中世代当官的豪族地主，刘秀的外
祖父也是豪族地主。所以，刘秀可以算得上是南阳地区豪强地主关系网上
的一个纽结。

刘秀和他哥哥刘演的性格明显不同。刘秀对于家中的农业生产经营比

较有兴趣，能安得下心来"勤于稼穑"；刘演则不喜欢从事生产，他性格外露，慷慨气盛，是一个集霸、豪、侠气于一身的人，喜欢交结所谓"豪杰"。刘秀给人的印象本分，所以人们称他为"谨厚者"。

兄弟俩在地皇三年（22年）起事之初，就明确打出要恢复汉朝的旗号，这在对新朝极度失望的农民心中很有号召力。次年更始元年（23年）正月，刘氏兄弟先后打败了新朝在南阳地区的军政长官甄阜、九卿梁丘赐率领的军队，整个南方都震动了。接着，刘氏军队围攻南阳郡的治所宛城（今河南南阳）。汉朝宗室刘玄被起义诸将拥为皇帝，改元更始。更始帝拜刘演为大司徒，封汉信侯。王莽很是害怕，急令司空王寻、司徒王邑前往洛阳，征发天下州郡军队讨伐刘氏兄弟。同年五月，王邑、王寻指挥42万大军从洛阳出发，缓缓向昆阳（今南阳叶县）压来。面对敌多我寡的形势，昆阳城中的义军心中害怕，纷纷商量弃城各奔东西。这时，刘秀站出来稳定军心说："现在我军主力正在围攻宛城，不能分兵来救，大敌当前，集合所有力量拼死一战，还有死里逃生的可能。如果分散逃跑，那就只有死路一条。"接着，刘秀又手指地图，一一分析如何部署，如何进军。诸将见刘秀镇定自若、很有将才之能，个个都表示听从安排。于是，刘秀命令义军将王凤、王常坚守昆阳，自己则带领着李轶等人到郾县、定陵一带，把那里的军队全部集合起来救援昆阳。这时赶到昆阳城下的王莽军队已近十万人，刘秀等人差点没能出城。

完成了对昆阳城的包围后，王邑就命令大军开始建造云梯、冲车，攻城的箭如雨一样从城外射进来，城中守军连头都抬不起来，守将王凤被迫请降。此时的王邑真可谓志得意满，自以为破城只在旦夕之间，拒绝接受。但他万万没有想到，灭顶之灾已经不远了。

六月初一那天，完成军事部署的刘秀率骑兵、步兵千余，在王莽大军前四五里布阵。王寻、王邑也发兵数千与之交战。刘秀冲入敌阵，斩首数十，刘秀军士气大振。深知寡不敌众的刘秀，决定孤注一掷，亲率敢死部队3000人，突击新朝军队的中军。恃众骄狂的王邑觉得中军的万余人已经足够解决刘秀的3000人，更命令其他军队不可轻举妄动。但王邑的如意算盘拨错了，刘秀军队的勇猛远远超乎王邑的想象，在义军的反复冲突下，新朝军队的中军很快就崩溃了。王邑狼狈逃走，王寻当场被杀，王氏兄弟亲口吞下了轻敌的苦果。

刘秀军开始全军突击，昆阳守军也开门夹攻，杀声震天动地，官军乱奔乱突，自相残杀，尸横遍野，血流成河。幸存者试图逃走，但昆阳城西因大雨而暴涨的潕水（今河南鲁山沙河）挡住了败兵的去路，杀戮在暴雨中持续了很久，王莽主力军经此一战，损失殆尽。

九月一日，长安的宣平门被攻破，义军一拥而入。城中大乱，居民纷纷响应，他们放火焚烧未央宫门，逼王莽出来。王莽逃往渐台，依靠周围的水池阻止火势蔓延。两天后，长安商人杜吴杀王莽于渐台上，新朝灭亡。

昆阳之战是刘姓宗室为恢复刘家天下与王莽所建立的新政权进行的一次决定性战争，无论是从政治还是从经济上都给王莽以致命的打击，是中国军事史上有名的以少胜多的战役。在整个战争中，面对号称百万的莽军，刘秀有勇有谋，指挥若定，表现出智勇双全、凛然不可侵犯的大将风度，大大提高了刘秀在起义军中的威望。

2. 韬光养晦：兄长被害，忍小愤而成大谋

　　面临危机，是忍耐，还是反抗，一切都掌握在决策者手中，决策的正确与否，关系着统治家族的生死存亡。刘秀的忍耐为刘氏家族重掌江山奠定了基础。

　　公元23年2月，更始政权建立后，成为"太常偏将军"的刘秀，继续领兵作战，很快就攻下了河南的大部分区域，并且在决定性的昆阳大战中大败王莽的军队。在所有的战役中，刘秀将战利品都如数运回宛城，交给更始帝刘玄。昆阳之战后，王莽逃至渐台，被商人杜吴杀死，其首级和印绶尽归刘玄。短命的王莽新朝只存在了15年就灭亡了。

　　但在此时，更始皇帝的旗子下面出现了内讧。由于刘演兄弟威名日隆，新市、平林诸将领及部分南阳豪强嫉妒刘演兄弟，故劝刘玄尽除之，以防后患。毫无建树和才干的更始帝刘玄也认为刘演对他是极大的威胁，于是，就图谋杀死刘演。在犒军大宴的时候，刘玄故意当众说刘演的佩剑好看，要刘演将防身宝剑解下来给自己看一看。刘玄本想借此杀死刘演，但终因胆小而没能下手。这一切都被刘演的舅舅樊宏看到眼中，他对这奇怪的一幕生了疑心，宴会结束后，他提醒刘演要多加小心。

　　刘演这时刚为刘玄攻下了宛城，立下了大功，根本不会想到自己的族兄刘玄居然会在这个时候对自己下毒手，何况他一直统兵在外，对刘玄和他的近臣没有什么了解，因此没把舅舅的提醒放在心上。

刘演有一名部将叫刘稷，也是刘氏同族，作战非常勇猛，但是他一直对没什么大本事的刘玄不满意，便怒说："大家能够开创局面，全靠刘演、刘秀兄弟，他刘玄无才无德，凭什么让他坐这张龙椅？"刘玄听到后抓到刘稷欲杀害他，刘演为刘稷力争免死罪，又被李轶、朱鲔有等进谗言，刘玄遂把刘演、刘稷两人一并杀掉。立下了汗马功劳的刘演，就这么不明不白地死在了族兄的刀斧之下。

在昆阳大战中获胜的刘秀在昆阳得到长兄刘演被杀害的消息，几乎昏厥，但当着信使的面，他极力克制自己，说道："陛下圣明，刘秀建功甚微，受奖有愧；刘演罪有应得，诛之甚当。请奏陛下，如蒙不弃，刘秀愿尽犬马之劳。"刘秀很快恢复常态，话说得十分虔诚得体。并且还对众将告谕："家兄不知天高地厚，命丧宛县，自作自受。我等当一心匡复汉室，拥戴更始皇帝，不得稍有二心。皇帝如此英明，汉室复兴有望了。"刘秀的态度，感动得众将纷纷落泪。

刘秀一点也不居功自傲，有人问起他昆阳大战的功劳时，他就说全是将士们的功劳。他不给他哥哥戴孝，更不为哥哥举办葬礼，反而与刚刚结为夫妻的阴丽华天天照常吃饭喝酒，一副及时行乐的模样。刘玄看见刘秀行事如此，便对他放了心，刘秀因此得以躲过杀身之祸。刘玄为了拉拢原先刘演的部下，于是封刘秀为破虏大将军，但终究不敢重用。

刘秀的忍耐使自己得到了生存的机会。不久，他被更始帝封为武信侯，但是军权却被剥夺了。王莽的政权刚刚被灭，刘玄便准备迁都洛阳，他封刘秀为"行司隶校尉"，先行去洛阳整修宫殿，为迁都做前期的准备工作。此时，洛阳城里一片混乱，谁也不知道会有怎样的危险。刘玄作出这个决定，实际上对刘秀也起了杀心。因为没有兵权的刘秀，仅仅带着1200名军士去洛阳，如果真遇到了危险，那就只有死路一条。

刘秀到任后，安排僚属，下达文书，从工作秩序到官吏的装束服饰，全都恢复汉朝旧制。当时，关中一带的官员赶来东方迎接皇帝刘玄去长安，见到刘玄的将领们头上随便包一块布，没有武冠；有的甚至穿着女人衣裳，滑稽可笑，没有庄重威严的样子。而见到刘秀的僚属，他们则肃然起敬。一些老官员流着泪说："没想到今天又看到了汉朝官员的威仪！"对刘秀产生了敬佩、向往的心理。

刘秀的忍让终于使得自己的家族保存了指点江山的实力，也为他自己以后称王积累了良好的人格实力。

3. 智勇兼备：扫除障碍，称帝登基建东汉

智勇兼备方为人中龙凤，刘秀作为刘氏天下的中兴者，正是这样一个智勇双全的君主，他大刀阔斧，清除一切障碍，最终建立了东汉。

为了避开种种矛盾，寻求更大的发展，刘秀一方面隐忍韬晦，另一方面也在暗中扩大势力和影响，并利用各种机会为摆脱更始政权进而统一天下做准备。

刘玄到了洛阳，决定派刘秀代表朝廷去河北一带宣示旨意，要那里的郡国遵守朝廷的诏命，以期稳定局势。刘玄的这一决定，恰好给刘秀提供了一个避开矛盾漩涡、自由施展的机会。刘秀在河北，每到一处，考察官吏，按其能力升降去取；平反冤狱，释放囚徒；废除王莽苛政，恢复汉朝的官吏名称。官民欢喜，争相持酒肉慰劳，刘秀一律不接受。刘秀的河北之行，为自己打下了群众基础。在这关键时刻，邓禹、冯异等人的建议，使刘秀坚定开创伟业的信心。

邓禹，字仲华，南阳新野人，曾与刘秀同时游学长安。听说刘秀被派往河北，他立即前来探望刘秀。他们彻夜相谈，邓禹建议刘秀"延揽英雄，务悦民心"，激励他要有高祖那样的伟大志向。

冯异，字公孙，颍川人。原为王莽部下，后被汉军抓获而投降。冯异敬仰刘秀的仁德，刘演被杀后，只有他时常安慰刘秀，理解刘秀的悲痛。在更始政权对委派刘秀巡视河北出现犹疑之际，冯异又劝说刘秀厚交当权

左丞相曹竞及其子尚书曹诩，最后才得以成行。刘秀来到河北，冯异又以刘秀的名义巡行郡县，处理冤狱，释放囚徒，关心弱势群体，为刘秀留下了不少好口碑。

然而，王郎的出现，为刘秀占据河北设置了很大障碍。

王郎谎称自己是汉成帝的儿子刘子舆，他的母亲是成帝的一个宫女。在河北地区一些豪强地主的支持下，王郎在邯郸建立了一个新的割据政权，并派人遍告各州郡，自赵国以北，辽东以西，都望风响应。王郎悬赏10万户通缉刘秀，刘秀从此便过上了逃亡的生活。刘秀一路上被王郎军围追堵截，险象环生，最后逃到信都（今河北邢台西南），听从太守任光的建议，发布檄文，征发精兵，才始脱险境。

在任光的建议之下，刘秀从各县召集了约4000人的一支精锐军队。昌城人刘植，宋子人耿纯，各率自己的宗亲子弟占州据县，投奔刘秀。刘秀很快形成了强大的势力，并攻下了中山国及卢奴、新市、真定、元氏、防子等县。更始二年（24）四月，刘秀进军邯郸，连战连捷，王郎派使者请降。

更始皇帝派使节赶到河北，封刘秀为萧王，并命令刘秀停止一切军事行动，与有功的将领回到长安去。实际上刘玄已经对刘秀很不放心了，他要趁机杀掉刘秀以翦除后患。刘秀自然明白这一意图，为此，他以"河北未平"为理由拒绝去长安，刘秀与刘玄的裂痕从此便开始明朗。

王莽垮台后，更始政权迅速腐化，失去了战斗力，也失去了政治上的号召力。长安政治混乱，反叛迭起。

与刘秀在河北发展的同时，赤眉军、绿林军也在发展自己的势力。以樊崇为首领的起义军有别于他军，各人用赤色涂眉，作为标记，从此，这支起义军被称为"赤眉军"；而另一支以王匡为首的起义军平时藏在绿林山中，被称为"绿林军"。"绿林军"拥护的皇帝便是刘玄。

公元23年，赤眉军曾想与绿林军联合，但遭刘玄拒绝，两军分裂。赤眉军怀恨在心。第二年冬，赤眉军兵力强大，遂分兵两路，向西进攻长安刘玄。在途中，赤眉军建立了自己的政权，立十五岁的汉宗室刘盆子为帝，年号建业。后来，刘玄被杀，更始政权覆灭。

在赤眉军西进长安时，刘秀在河北的势力已较强盛，黄河以北的广大地区基本上为刘秀所有，河北成为他脱离更始政权、创建统一大业的重要基地。更始三年（25年）六月己未日，刘秀在群臣拥戴下，于赵州柏乡举行了隆重的登基大典，是为光武帝，建国号"汉"，改元"建武"，定都洛阳，建立东汉政权，史称东汉。

4. 问鼎中原：削平群雄，克定天下

刘秀称帝以后，虽然在军事上取得了一些重大胜利，但是当时群雄并立，且都有相当的实力，作为一个头脑清醒的谋略家，刘秀并没有过于乐观，他在为自己的统一大业继续努力着。

刘秀即位为皇帝时，天下纷乱不已，各路豪杰割据称雄，主要有赤眉军在长安、梁王刘永在淮阳、隗嚣在天水、公孙述在成都等地方的割据势力。刘秀称帝后，面临的首要任务就是平定天下，建立一个统一的大汉政权。为此，他首先把矛头指向了赤眉军。

赤眉军自公元25年9月推翻"更始"政权后，即定都长安。由于关中地区的地主豪强隐藏粮食，聚众反抗，与赤眉军为敌，赤眉军的粮食问题已到了难以解决的地步。同年12月，赤眉军不得已而引兵东进。这时，刘秀以逸待劳，已作好了围剿赤眉军的部署。刘秀先派邓禹率邓弘等部共同攻击赤眉军，邓禹失败。接着，再命冯异与赤眉军约期会战，暗地选拔壮士，以赤眉军服饰打扮，作伏兵。当赤眉军与冯异交战激烈时，伏兵突起，赤眉军将士真假难辨，顿时大乱。经此一战，赤眉军全军覆没，刘盆子投降刘秀，使刘秀得汉之传国玺授。刘秀遂封刘盆子为赵王郎中。

刘秀消灭赤眉军以后，还有不少割据势力在活动，他们力图争夺皇帝宝座，其中就有刘永。刘永，梁郡难阳（今河南商丘南）人，汉文帝子景帝胞弟梁孝王刘武的八世孙，其父为王莽所杀。刘玄称帝，继封刘永为梁王，都睢阳。刘玄败，刘永自称天子，联合各种势力，据今河南东北部及苏北、山东大部地区与刘秀对抗。刘秀便派虎牙大将盖延带四员大将征讨刘永，不久，兵临睢阳城下。盖延将睢阳团团围住，三个月围而不攻。最后，城内粮草将尽，盖延偷袭成功。刘永见城已破，慌忙突围，被乱军所杀。

随着各地割据势力逐渐被消灭，刘秀一步步在中原地区扩大势力，站稳了脚跟。到建武五年，中原地区的主要对手就只剩下彭宠了。彭宠本是刘秀的大将，因未被提升，便与匈奴勾结，攻陷蓟县，自立为燕王，企图与刘秀争夺天下。建武五年春，刘秀下诏："有能讨平彭宠者，封侯。"彭宠的三个家奴起了贪心，便趁彭宠睡觉时将他杀死。后来，刘秀信守诺言，封他们为不义侯。

到这一时期，统一战争的前一阶段基本结束，剩下的割据者也是最难对付的，他们是隗嚣和公孙述。

隗嚣，天水成纪（在今甘肃秦安）人，好读经书，有政治、军事知识。随其叔父起兵，被推为上将军，势力壮大，拥兵十万。更始二年，隗嚣曾投归更始政权，赤眉军入关中，更始政权垮台，他便返归天水，自称西州上将军。隗嚣和刘秀有过多次合作，但建武六年，双方关系完全破裂。冯异在旬邑（在今陕西旬邑）击败隗军，形势对隗嚣不利。在这种情况下，隗嚣倒向公孙述。次年正月，隗嚣饥病交加，愤怒而死。到建武十年十月，隗氏势力完全被消灭。

隗嚣覆灭后，盘踞在巴蜀的公孙述成了最后一支割据势力。公孙述，扶风茂陵（在今陕西）人，在刘秀称帝前两个月称帝于成都。建武十三年，刘秀伐蜀之役大规模开始，公孙述拼死抵抗。此年十一月，刘秀以损失两员大将的代价攻入成都，公孙述被杀，蜀地宣告平定。

刘秀自公元25年即帝位，经过十一年的东征、西讨、南平、北伐，终于结束了豪强割据的局面，恢复了中国的统一。刘秀在推翻王莽苛政、削平割据势力上，得到了广大人民的支持，代表了当时社会的共同要求，完成国家统一的伟大事业。就这一点而言，刘秀是一个对当时历史有着重要贡献的杰出人物。

5. 以柔克刚：封侯而不授实权，合理安置功臣

　　君主忌讳之事越多，越是束缚朝臣的手脚；国家统治的工具越是先进，国家就越加混乱难治。以刚克刚，两败俱伤；以柔克刚，则会又是另一番景象。

　　刘秀在位32年（公元25年—57年），占东汉195年历史的六分之一。"拨乱反正，以宁天下"，他结束了战争和混乱，恢复了国家的统一和社会的秩序。

　　天下平定之后，首要的问题就是对待功臣的问题。由于封建统治的巩固，与统治阶级上层的稳定关系密切，所以刘秀特别注意搞好君臣关系，而刘秀执政时期也就成为封建时代君臣关系的典范。

　　刘秀泛爱容众，恢廓大度，对待士兵推心置腹，恩礼有加，从而赢得了众将帅对他的一片赤诚之心。刘秀对臣属待之以宽柔之道，很少以刑杀立威。消灭邯郸王郎以后，查获了一些人与王郎勾结的信件，刘秀看都不看，当众烧毁，说是"令反侧子自安"，以使三心二意的将帅安心，反映出刘秀的不凡气度。这虽然是帝王笼络、驾驭群臣的手段，但毕竟侧重于宽容，有利于统治集团内部的稳定和社会的安宁。

　　刘秀对于追随其南征北战的大小功臣，均以高官厚禄予以酬答。开国功臣"云台二十八将"，不仅个个封侯，而且宠赏有加。除此之外，刘秀还经常厚赐群臣，有些地方贡献的珍奇之物，他宁可自己不要，也分赐群臣，甚至就连他正在用的东西，也是如此。凡功臣有疾，刘秀总是亲自去

167

探视；有功臣亡故，刘秀均毫无例外地素服车驾，亲临吊唁，抚恤其后。甚至他所熟悉的一些小官去世，也派人前去慰问。即使到后来刘秀年岁已高、身体欠佳时，他仍坚持为故臣临吊送葬。其仁恩厚谊，实非一般的封建帝王可比。这也使得多数功臣对光武帝刘秀心悦诚服，感恩戴德。

刘秀对功臣中有较高政治才能的人，倍加重用，让他们参议政事。邓禹，善于谋略，器量恢宏，刘秀经常委以重任。他任命邓禹为大司徒，封丰臣侯，食邑万户。建武四年（28年），邓禹奉命率军南攻，收降刘嘉，击败延岑。建武十三年（37年），天下平定，邓禹被封为高密侯。刘秀虽然对开国功臣如此优宠，但又不是毫无原则地重用功臣。他惩前汉之失，以功高授位、才贤任职为指导思想，对功臣采取优容与防制相结合的措施。对那些虽屡建军功却缺少治国才干的功臣，刘秀不授予实权，只让他们享受荣华富贵，优游享乐以尽天年。他这样做，既能防止因功臣任职而堵塞进贤之路，又解决了功臣任职不能胜任，使皇帝不好处理的难题。

刘秀对于功臣问题的处理颇为圆满，也极具创造性，有利于东汉政权的重建与稳定，为后世所效仿。对功臣来说，无职无责，可以使他们少干违法的事情，也杜绝了他们因权势膨胀而滋生野心的条件。这样也就避免了这些开国功臣带来不稳定的因素，从而维护了政权的稳定及刘氏的江山。刘秀是中国封建社会中少有的能容纳功臣的开明皇帝，他没有牟取兔死狗烹之类的残忍做法，而是刻意保全功臣，使功臣们保其功禄，安享天年。

6. 光武盛世：好儒任文，以柔治国

倘若以柔和之姿去面对刚烈火暴之人，则恰似细雨之于烈火，烈火熊熊，细雨蒙蒙，虽说不能当即将火扑灭，却能有效地控制住火势，并一点点地将火灭去。但若暴雨一阵，火虽灭去，却添洪水泛滥之灾，一浪刚平又起一浪，得不偿失。

在总结前朝失败的基础上，光武帝刘秀确立了一套新的治国方略，其核心是好儒任文、以柔治国。

儒学能和谐君臣、吏民之间的关系，从而达到封建等级秩序的稳定，在本质上是一门守成的学问。刘秀早就认识到了儒学的重要性，早在征战的时候，他就想方设法把一些著名儒学人物拉到自己的身边，或任以官职，或冠以名号。这样他身边很快就集中了如范升、陈元、郑兴、杜林、卫宏、刘昆、桓荣等一大批当时的著名学者。刘秀对他们以礼相待，他们也愿意跟随刘秀一起谈经论典。建武五年冬，刘秀东征张步回到洛阳，派人修建太学并亲自到那里视察。在他的倡导下，不仅中央立太学，许多郡、县也都兴办学校，而民间创办的私学也如雨后春笋般兴起。无论是官学还是私学，都为儒学传播、教化的开展进行了人才准备。

刘秀自己就是一个爱好儒学的人。朝廷议事结束以后，他经常与文武大臣一起讲论儒学经典里的道理，直到半夜才睡觉。有时刘秀还亲自主持和裁决当时今文经学和古文经学的争论。建武四年正月，有人上书建议为属古文经学的著作《费氏易》、《左氏春秋》立博士。该建议引起了激烈争论，今文派以博士范升为代表，力主不可立；古文派以陈元为代表，力主应当立。辩论持续了很长时间，一时之间难分高下。刘秀最后裁决，为《左氏春秋》立学官，置博士，这是经学史上的重要事件。

刘秀对他的治国之道谈得不多。在一次宴会上，他说自己想以柔道治天下，他视"柔"为"有德"、"逸政"等词的同义语。他的"柔道"，首先表现在征伐占领之后。光武帝刘秀不事屠戮，注重安抚，凡是投降的，只要把他们的首领抓住就行了；对那些无辜的百姓，往往遣散回家，让他们种地。刘秀认为征伐战争不一定攻地屠城，重要的是使当地人变成自己的人。

奴婢问题，是西汉末年的一个严重社会问题。农民起义沉重打击了地主豪强占有奴婢的制度，使许多奴婢得到解放。建武十二年、十三年、十四年刘秀一再下诏宣布：自建武八年以来被迫当了奴婢的，一律恢复平民身份，被卖的，不再交还赎金；敢拘留者，按《略人法》从事。刘秀顺应农民起义中许多奴婢已获解放的形势，提出"天地之性人为贵"的观点，先后六次下令释放奴婢、三次下令禁止虐待奴婢。这也是光武帝刘秀实行柔道治国的一个方面。

光武帝刘秀还下令减刑轻税，并官省职。建武七年，他下令京都地区及各郡、国释放囚犯，除犯死罪之外者一律不再追究，恢复其平民身份；那些有罪且在逃的囚徒由地方吏发布文告公布姓名，免治其罪，使其放心回家。建武六年诏书宣布：因军队屯田，储粮状况好转，停止征收十分之一的田税制度，恢复汉景帝二年（前155年）实行的征收三十分之一的田税制度。这也是刘秀好儒任文、以柔治国的一个方面。

刘秀所创立的选官制度使东汉政府吸收了一些有才能的人，扩大了东汉政权的统治基础。公元35年，刘秀采用并州牧郭伋的建议，用人当选"天下贤俊"。在选用官吏方面采取两种办法，即察举制或征辟制。征辟制——"征"是皇帝下诏书特别征召"名流"做官；"辟"是公卿大臣及郡守自行起用有才德之人做属员。刘秀录用官员是非常严格的，他要求被录用的官吏都能符合"德行高妙"、"明达法令"等标准，否则就将举荐人和被录用者治罪。

　　刘秀虽然重视人才，也比较能够接受大臣的进谏，但是，他毕竟是封建皇帝，不能容忍有伤自己尊严的事。有一次，刘秀找出已被他打垮了的隗嚣、公孙述之间的来往书信，在朝会的时候读给群臣听。心直口快，为人直率的韩歆觉得这些书信写得很有才华，就说："亡国之君皆有才。"恰巧韩歆又列举大量事实证明要发生饥荒和动乱，刘秀大为恼怒，当即就罢了韩歆的官。韩歆回家后，刘秀怒气未消，又专门派人带着自己的诏书去谴责他，意思是要治他死罪。司隶校尉鲍永认为韩歆是说真话，为此罢官已经不公，坚持不要再治韩歆的罪。最后，韩歆及其子韩婴被迫自杀。韩歆曾随刘秀征战，有军功，被封为扶阳侯，他的死引起朝臣的普遍不满，刘秀只好仍按大司徒的规格给他举行了葬礼。

　　刘秀从一个布衣秀才揭竿而起，直接参与了反对王莽政权的斗争，为推翻王莽建立东汉帝国立下了功勋。在天下大乱，群雄割据之际，他历经艰难曲折，终于恢复了社会的秩序和国家的统一，为社会经济和文化的发展创造了条件，使西汉曾经的繁荣得以继续，从而开创了光武盛世的政治局面。

7. 改革分封：控制宗室、皇子势力的发展

制度也有一定的时效性，随着统治地位的不断改善，制度也应随之改变，否则会导致不良影响。对于一个明君来说，只有控制家族势力的发展，家族的利益才能得以巩固。

刘秀定都洛阳后，效仿前朝，对宗室也进行了分封，严格遵守以刘氏同姓为王的祖制。在分封诸侯王时，以刘秀自己家庭的长辈及其子弟为主，兼顾同宗族的宗子和联系密切的族人。

广阳王刘良，是刘秀的叔父。刘秀早年丧父，是在刘良抚育下成长起来的。太原王刘章，为刘秀兄刘演之子；刘秀对兄长刘演非常尊重。为纪念刘演，因此刘秀封刘章为王，而且，对刘章恩爱甚加。鲁王刘兴，是刘演的二子，刘秀在春陵乡起义同王莽军交战失败，二哥刘仲死于乱军中，刘秀封刘兴为鲁王，意思是要他继承刘仲。泗水王刘歙，是刘秀族父，更始政权建立后，他随同刘玄入关，被封为元氏王，更始政权灭亡后，刘歙"东奔洛阳"，又被刘秀封为诸侯王。

分封诸王时，刘秀的占领区还很小，大部分受封的宗室都没有前往自己的封地。当然，这些受封的宗室不能到封国，固然有刘秀统治区狭小的因素，但重要的是，刘秀害怕他们利用诸侯王的封号，扩展势力，从而威胁到自己的统治。除此之外，刘秀还把西汉时期的十三个诸侯国作了合并，刘秀省并这些诸侯国，显然是不想使这些诸侯国重新分封。

刘秀所实行的这些措施，是他对汉朝建国初年的分封制度的大规模改革。实行这种改革，刘秀可以使他的专制集权统治地位稳固，避免来自受

封为诸侯王的宗室方面的威胁。

刘秀在改革分封诸侯王的制度后，接着又面临分封他的亲子的问题。他"封皇子辅为右翊公，阳为东海公，英为楚公，康为济南公，延为淮阳公，苍为东平公，荆为山阳公，焉为左翊公，衡为临淮公，京为琅琊公"。后来，刘秀又将这些"公"都改成"王"。

伴随着刘秀恢复王的称号，原来被贬为"公"的一些诸侯王，也恢复了王的爵位。但是，并不是所有的诸侯王都恢复了王的称号，只有那些在血缘上与刘秀关系近的叔侄才有这个待遇。

刘秀虽然分封了皇子，恢复了一些叔侄的王的称号，但是，他对受封者还是注意加以限制。首先，他限制受封诸侯王的封地。大多数诸侯王的封地都是不大的，只有个别除外。如皇子刘强原来曾是皇太子，因其母郭后被废，而失去皇太子地位。刘秀"以强废不以过，去就有礼，故优以大封，兼食鲁郡，合二十九县"，这是刘秀封皇子最多土地者。而楚王刘英，因其母许氏无宠，故而封地最小，尚不足一郡。但这些情况，都只是特例，与诸皇子在家族中所处的地位有关。其次，限制诸侯王制民，只让他们享有衣食租税，而不让他们参与政事。为了更有效地贯彻这一措施，刘秀加强了诸侯王国中相的权力。再次，刘秀限制受封皇子的"就国"时间。表面上看，刘秀是出于对皇子们的关心。事实上，他是要把这些受封的皇子们集中在京城洛阳，利于对他们进行控制。最后，打击诸侯王同宾客结交。由于刘秀限制受封诸侯王的"就国"时间，这些在京城的诸侯王往往广交宾客，而所交的宾客多是一些有权势者。因此，刘秀对诸侯王结交宾客是极为反感的。他知道，如果诸侯王大量结交宾客，必然造成他们个人势力的扩大，会危及他的统治。

综上可见，刘秀建国后，在延续西汉分封制度的基础上又对此作了一些改革，对受封者的限制是大大加强了。在他统治期间，诸侯王叛乱的事件很少发生，从这一点看，刘秀对诸侯王的限制政策是成功的，既巩固了刘氏的天下，又使自己的统治更加稳定，可谓一举两得。因而，这些政策对刘秀加强专制集权统治，使国家保持政局稳定，都是非常重要的。

8. 以儆效尤：严于律己，严防外戚干政

外戚干政，是西汉政权倾颓的一个重要根源。要稳定政局，君主就得严格要求自己的亲人，约束他们的不法行为。这一点，刘秀基本做到了。

刘秀意识到，外戚干政，是导致西汉末期政权易手的一个主要根源。为此，在东汉政权建立之初，为避免重蹈覆辙，刘秀规定：凡后族、宫戚皆"不得封侯与政"。当时居住在京城的皇亲国戚骄奢淫逸，专横跋扈，他们的家奴也狗仗人势，胡作非为，京城百姓敢怒而不敢言。皇亲国戚们根本就无视法令的存在，要想彻底扭转这一局面是很难的。因此，对于那些不避强权、打击不法后族的严明官吏，刘秀坚决予以支持，并加以奖励。董宣便是刘秀特召来约束皇亲权贵们不法行为的一名酷吏。

董宣生于西汉末年，是河南陈留县圉镇（今杞县境内）人，出身寒门。光武帝建东汉后，广选人才，他在司徒侯霸的推荐下出去做官，升到北海相的位置上，后又迁为洛阳令。

董宣到任不久，就接到下属的报告说："光武帝的姐姐湖阳公主宠信的一个恶奴，在公主的庇护之下到处为非作歹，竟然在光天化日之下杀了人，并逃到公主府中不出来。"董宣一听，根本不顾公主的情面，马上派衙门里的吏卒前去拿人，然而却被湖阳公主挡在大门外，无法抓到凶犯。

董宣不相信那个恶奴从此不再跨出府门一步，就布置手下在湖阳公主府第附近暗中监视。过了一些日子，湖阳公主带着那个杀了人的恶奴一起

出门了。董宣得到了消息，便亲自带着衙役守候在公主的必经之地，把公主的车队拦了下来，请公主把恶奴交出来。湖阳公主岂肯受制于董宣，便沉下脸来说："大胆，洛阳令董宣！竟敢拦阻我的车马？"

董宣惟法是尊，不畏权贵。他把腰刀往地上一拄，厉声斥责公主庇护杀人恶奴，犯了国法。说完，董宣不顾公主阻挠，把那个杀人恶奴拖下车来，就地正法了。湖阳公主当众受到了羞辱，立刻气急败坏地掉转车头，直奔皇宫，向光武帝告状。

董宣处决了湖阳公主的家奴，便做好了被杀头的准备，就上朝负荆请罪。这时，湖阳公主在光武帝面前又哭又闹，光武帝也是大发雷霆。董宣还未等光武帝开口，便磕头请求道："请陛下容我说一句话再死。"光武帝怒冲冲地说："你犯了大不敬罪，还有什么话可说！"董宣从容不迫地答道："陛下圣德，中兴汉室，可如今您却纵容公主恶奴残杀良民，长此以往，还凭什么去治理天下呢？臣不须用箠杀之刑，请允许臣自杀！"说罢，董宣站起身来，一头撞向殿上的柱子，顿时血流满面，光武帝赶紧命令太监上前抱住了董宣。

其实，光武帝听了董宣的一番话之后，就已明白董宣的做法是对的，公主是无理取闹。但碍于姐姐湖阳公主的面子，光武帝就命董宣向公主磕头赔罪，可免一死。董宣却因自己是秉公执法而执意不肯谢罪。光武帝只好命两个太监按住董宣的脑袋，强迫他给公主磕头。为人正直的董宣还是不肯低下头去，最后，光武帝自我解嘲地笑笑，挥手说："算了，算了，把这个硬脖子的洛阳令撵出去吧！"

后来，汉光武帝不但没定董宣的罪，还嘉奖董宣执法不避权贵，赏赐他三十万钱。这样，外戚的参政权力被限制、削弱，外戚干政的威胁便得到了有效的控制，皇权也因此得到了有效的加强。这对于稳定东汉封建政权上层秩序有着重要意义。

9. 神化皇权：颁行谶纬，作为统治思想的工具

君权神授学说是中国皇帝制度长期延续的重要理论依据。历代统治者都充分利用神权来加强君权的不可侵犯性，一方面在客观上维护了政权机构的稳定，另一方面则是部分帝王自身用来安定内心的。

本来光武帝是不相信谶纬这些东西的，后来发现它实在是支持、维护自己政令、统治的"法宝"，于是便大肆推行，作为法定的思想统治工具。

谶纬是一种庸俗经学和封建迷信的混合物。谶是用诡秘的隐语、预言作为神的启示，向人们昭告吉凶祸福、治乱兴衰；纬是用宗教迷信的观点假托神意对儒家经典所作的解释。王莽篡夺西汉政权，就大肆利用了谶言。王莽以符命取代西汉王朝建立新朝，刘秀正是在这个谶纬之言盛行的年代成长起来的，因而，谶纬在他的思想上打下了深深的烙印。

东汉的开国功臣李通就是一个旁证，李通是制造"刘氏天子，李氏为辅"的谶纬人之一。李通的弟弟李轶是更始政权的核心人物，也是杀害刘秀兄长刘演的凶手。尽管刘秀后来施行韬晦之策，但还是不能原谅李轶，终于借助朱鲔之手杀掉了李轶。然而对于李通，刘秀不但委以重任，而且还让他参与朝政，李通本人多次告退，但是刘秀不允许，而且加封李通的小儿子为侯爵，而刘秀回到南阳，还派人专门祭祀李通的父亲，刘秀这样做其实是因为看到了谶纬之学给自己带来的好处。

由于刘秀的大力提倡，谶纬之学越发兴盛起来，在当时被称为"内学"，儒学生徒都要记诵谶纬，对策试文也要引用谶记。不仅如此，刘秀还对一些不懂谶纬和反对谶纬的学者进行惩罚。

还有一次，刘秀问郊祀的事情，想用图谶决断，征求太中大夫郑兴的意见。郑兴回答说："我从不接触谶纬的学说。"刘秀听了后大怒，反问道："你不接触谶纬的学说，是在反对谶纬的学说了？"郑兴看到刘秀如此生气，惶恐万状，马上恭恭敬敬地解释，说自己才识学浅，不懂谶纬之学，没有资格去反对，这才幸免。郑兴是当时著名的学者，因为"不善谶纬"，始终没有得到重用。不信谶纬之学的士人得不到重用，那些反对谶纬之学的士人的下场就更为悲惨了。

桓谭也是当时著名的学者，在刘秀建天文台时指斥谶纬荒诞，差点被刘秀砍了脑袋。桓谭叩头谢罪很久才免于一死，但被贬为六安郡丞。桓谭郁积成疾，还未到任就死在了半路上。刘秀对桓谭的严厉处罚使朝野大为震恐，从此朝廷上再也没人敢公开指责迷信活动了。不久，刘秀"宣布图谶于天下"，也就是把图谶国教化。

刘秀晚年，大司空张纯等人，曾经根据谶纬之术，请开明堂，刘秀照办。后来，刘秀又根据图谶封禅泰山。

建武三十年春，即公元54年春天。刘秀打算东巡齐鲁一带，张纯等大臣上奏说："自古以来，受大帝之命而做人间帝王的，治理国家有了成绩，一定举行封禅大典，向大帝报告自己的成功。"但是刘秀认为国家距离"国泰民安"还相距甚远，在这种情况下，举行封禅报功有些不合时宜，因而没有采纳众臣的建议。其实，刘秀的内心里还是很想举行封禅大典的，之所以没有答应大臣们的要求，主要是因为没有找到进行封禅的谶纬依据。

公元56年，刘秀夜读谶纬之书《河图会昌符》时，发现书上有这样的话语："赤刘之九，会命岱宗。"刘秀认为书中的"赤刘之九"指的就是自己，因为他是高祖皇帝刘邦的九世孙。"岱宗"指的是泰山，整个纬文的意思是："赤帝刘邦的九世孙，际会天命于泰山。"刘秀还不放心，命大臣们收集整理关于要求刘秀封禅泰山的纬文，大臣们很快就找到了三十六条这样的纬文。如此，刘秀就决定封禅泰山了。

谶纬之学固然是自西汉后期以来社会上流行的一种思潮，但与统治者的需要也是直接相关的。刘秀把谶纬作为一种重要的统治工具，是想为自己的统治找到一个合法的理由，同时，在当时谶纬之学盛行的风气下，刘秀利用人们对此相信不疑的心理更好地统治天下，稳固了刘氏的江山。

10. 当机立断：改易太子，废郭氏立阴氏

　　历朝历代，权力的交接都是一件大事，也是一件让统治者头疼的事，如果选择的继承人是个庸君，就可能危及家族的统治。刘秀可谓慧眼独具，当机立断，做出了明智的选择。

　　历代皇帝在晚年时，考虑最多的便是立太子安天下的问题，光武帝刘秀也不例外。刘秀在是非优劣之间，在选择定夺面前，能当机立断，果敢决策，不愧是一代明君。这在他处理废立皇后的事件上表现得尤为突出。

　　刘秀最初娶的是阴丽华。阴氏为新野有名的美女，出自名门望族，从小知书达理，美名远扬。年轻的刘秀对阴丽华一见钟情，当时还是一介布衣的刘秀有两大人生目标：“仕宦当作执金吾，娶妻当得阴丽华。”更始帝元年（24年），29岁的刘秀与阴丽华终于喜结良缘。

　　婚后，刘秀仍继续致力于反莽斗争。征讨王郎时，刘秀同族真定王刘扬拥兵10多万，效忠于王郎，不肯归附刘秀。刘植亲自前往劝说刘扬，刘扬勉强同意，却提出了让自己的外甥女郭圣通与刘秀结亲的条件。于是更始帝二年（23年），刘秀令刘植为媒，择日亲往真定郡迎娶郭圣通。刘秀的这场政治婚姻取得了明显的效果，在刘扬军队的协助下，刘秀一举消灭各路起义军，并于公元25年建立了东汉王朝。

　　即位后，刘秀很是为难，一面是自己的结发之妻阴丽华，一面是自己的继娶之妻郭圣通。如果有得选，刘秀只愿意让阴丽华做皇后，可是郭圣通与自己也有夫妻情谊，而且她不但有儿子，背后还有舅父刘扬的十万

大军。最后，刘秀把封后一事暂时搁置下来，封她俩为仅次于皇后的"贵人"。正在这时，没安好心的真定王刘扬谋反事泄被杀。刘秀原本以为可以理直气壮地立阴丽华为皇后，但阴丽华借母以子贵为理由拒绝了。在阴丽华的坚持下，公元26年6月，刘秀立郭圣通为东汉王朝第一任皇后，她所生的儿子刘强，成为第一任皇太子。

而此时东汉王朝的天下还没有完全平定，刘秀为了弥补对阴丽华的愧疚，每次行军打仗都将阴丽华带在身旁。公元28年，就在刘秀征讨彭宠时，阴丽华在中军帐里，生下了她和刘秀的第一个孩子：未来的汉明帝刘庄。

随着时间的推移，郭圣通与阴丽华都为刘秀生下了一群子女。郭皇后的心态在慢慢地转变，尤其是当阴丽华生下儿子，而且是好几斤的儿子之后，郭圣通的心思更是急剧地转变了。

郭圣通知道，自己之所以能坐在皇后的位置上，完全是因为阴丽华当时没有儿子谦让的结果。而现在阴丽华已经有儿子了，并且刘秀对她的恩爱日久弥坚。郭圣通害怕有一天阴丽华会利用刘秀的宠爱而对自己不利，到那时，自己和孩子恐怕都没有好的下场。这种想法使得郭皇后对刘秀和阴丽华更加怨恨。这种怨恨之情明显违背了刘秀倡导的"宫教"，再加上郭皇后不能同宫内其他妃妾友好相处，更不能很好地抚育其他妃妾的子女。刘秀遂于建武十七年（41年）一纸诏书废除了郭皇后，立阴丽华为皇后。尽管殿中侍讲郅恽等曾经进言慎待皇后，刘秀仍坚持自己的决定。后来，刘秀又同意了太子刘强的请求，废止刘强太子的地位，而改立阴丽华的儿子东海王刘阳为太子，并改名刘庄，这就是后来的汉明帝，阴丽华后被称为光烈皇后。

刘秀在废掉郭皇后改立太子这件事上是很明智的，不仅因为他更加钟情于阴丽华，最重要的是为大汉江山考虑，是想让刘氏的江山更永固，他不想在他死后出现第二个"吕雉"，也不想让他的爱妃阴丽华成为第二个"戚夫人"。

第十二章　守成之君　明帝刘庄

　　东汉第二代皇帝是汉明帝刘庄（公元28年—75年），他是光武帝刘秀的第四子。原名刘阳，建武十五年（39年）被封为东海公，建武十七年晋爵为王，建元十九年被策命为太子，后改名为刘庄。中元二年继位，在位18年。谥号"孝明"，庙号"显宗"。

　　汉明帝统治时期，吏治清明，朝政稳固，对外基本上消除了周边少数民族的侵扰，边境安宁，国家经济也得到了一定程度的发展，明帝因此成为中国历史上较有名的守成之君。

1. 严切镇压：平宗室诸侯王谋反

为了巩固自己的统治地位，封建君主常以非常手段来镇压众臣。

汉明帝虽是一位"守成之君"，但他与父亲光武帝"以柔道行之"的执政方略大有不同，明帝执政素有严切之风，他为了控制宗室诸王，采取了非常"严切"的手段，对他们加以约束与打击。明帝不断减少诸王食俸收入，使他们的经济实力大为削弱。永平十五年（72年），明帝分封皇子的领地，比原来的诸王都减少了一半左右，此前大约是以9～10县为准，此后则只有4～5县。明帝认为自己的孩子不能够与先帝的皇子们等同起来，认为每年给他们二千万的食俸就足够了。光武帝时曾封功臣为侯，大国4县，相比较之下，明帝时诸王的地位与光武时期侯的地位相差无几！明帝这样做，使诸王的地位急剧下降，经济实力也严重降低了，从而无法与中央相对抗。

明帝对宗室诸王及皇子的抑制与打击强度非常大。永平十三年（70年），楚王刘英与方士结交，被一位名叫燕广的人发现，燕广遂告发他与渔阳王平、颜忠等"招聚奸猾，造作图谶，擅相官秩，置诸侯王公将军二千石，大逆不道"。明帝将刘英流徙于丹阳泾县，刘英到丹阳后自杀，而"楚狱遂至累年，其词语相连，自京师亲戚诸侯州郡豪杰及考案吏，阿附相陷，坐死徙者以千数"，被牵连入狱者达数万人。

光武帝刘秀有11个儿子，明帝即位，临淮公刘衡早卒，原太子刘强在被废后于永平元年忧郁而死，剩下九王中有七王在明帝朝因"谋反"、坐法等而受到不同程度的打击。沛献王刘辅在出狱后，研读经书，算是找到了避风之所；山阳王刘荆、楚王刘英以"谋反"的罪名被迫自杀；淮阳王刘延在两次谋反后被严加"监护"；中山简王刘焉因杀一姬，被国相举奏，坐罪削县；济南王刘康在被打击后，"尊贵骄甚"，效法琅琊孝王刘京，多殖货财，奢侈恣欲，走上了一条腐败自沉的道路；到后来，最受明帝尊宠的东平宪王刘苍，也在辅佐明帝稳定天下以后，因明帝的猜忌心理，于永平五年不得不要求返回藩国。此外，如东海王刘强子政、济南王刘康子错都因"淫欲薄行"、干乱法纪而被治罪；淮阳王刘延子鲂及同族嵩、信、平、遵等皆因与诸王交通、谋反坐法或除国。

　　汉明帝为了维护自己的统治地位，不惜采用非常手段来打击同族势力，致使诸王在重压之下生存。

2. 防范外戚：承继光武遗风

倚用宦官、放纵外戚，一般都是昏君所为，借鉴前车，加强皇权的政治措施也就成为了汉明帝的统治策略。汉明帝严厉处理外戚，巩固了自己的统治地位。

汉明帝刘庄30岁即皇帝位，思想已比较成熟，且有一定的理政经验。他在位期间，继续推行光武帝加强皇权的一系列统治措施。为了稳定统治阶级内部，他不仅对宗室严加控制，对外戚也严加防范，并且还下令禁止后宫嫔妃的娘家人被封侯和干预朝政。除了不许外戚干预朝政外，他还命令阴氏、邓氏等外戚家族互相揭发对方的不是，在汉明帝的控制之下，外戚没有掌握大权。

明帝即位后，为了表彰跟随光武帝南征北战、为东汉建国立下汗马功劳的开国元勋，将28位将军画像供于云台。明帝的岳父马援也曾追随光武帝南征北战，明帝对马援却不予供奉。大臣们因此得出一个信号：明帝是在限制和约束外戚。明帝在位时，他的大舅子以及小舅子马廖、马光、马防的职位都不超过九卿。

明帝永平二年（59年），皇亲阴丰犯杀妻之罪，按律当斩。阴丰的父亲是汉明帝之母阴太后的弟弟，明帝不顾当时还健在的阴太后的面子，丝毫不加以宽贷，下令将阴丰处死。阴丰的父母也因受牵连而自杀，阴家的封国新阳侯国被取消。

窦融也是东汉开国功臣之一，他为人正直，却不善于约束自己的家人和子弟，他的子孙不遵守法令的居多，他的堂兄之子窦林因为犯罪而被明帝处死。窦融的长子窦穆是光武帝的驸马，因为封地离六安国比较近，窦穆就想占据六安。他假传阴太后的旨意，让六安侯刘阿休掉自己的结发妻子，续娶自己的女儿。此事后来被明帝得知，窦穆被免官，窦氏一族，除了窦融留京外，全部被迁回故郡。窦融也被明帝斥责，吓得辞职回家养病。窦穆一家虽然被赦免，允许回京城居住，但明帝派人严格监视他们。窦穆心怀不满，经常口出怨言，又贿赂官吏，结果他和两个儿子，以及后来赫赫有名的外戚窦宪的父亲窦勋都死在了狱中。

通过这一系列的事件，可以看出明帝在处理外戚的事情上相当严厉，几乎达到了杀一儆百的目的，所以，明帝朝没有出现外戚参政的情况。

3. 马后其人：深明大义，母仪天下

皇帝面临难题，马皇后会为其出谋划策，但从不借机为自己的家族捞好处，她深明大义，从不干预朝政，每每让家族渡过了难关。

汉明帝的皇后马氏是中国历史上有名的皇帝贤内助，她的父亲是骁勇善战的东汉开国名将伏波将军马援。马援为人正直，就是太过于实在，口风直爽，因而得罪了很多人。马援病死之后，他生前曾得罪过的人纷纷向皇帝告状。光武帝的女婿梁松也曾被马援得罪过，因而也在光武帝面前告他。光武帝英明一世，却在此时相信了小人的谗言，追缴了马援的新息侯印。尽管后来光武帝平反了这个冤案，但马援死后，马家的地位已经远远不如从前了。

京城各贵族见马家失势，借机欺负马家。马援的侄子马严对此非常气愤，就上书光武帝，请求让马援的女儿入宫作诸王妃，他想用这个方法振兴马家。光武帝或许还念着马援的旧情，便选了马援的小女儿入太子宫，也就是后来的明帝皇后。

刘秀做出的决定出乎很多权贵的意料，但对于马严却是个天大的惊喜。马氏入太子宫，成为太子妃后得到了皇后阴丽华的格外照顾。阴皇后对马氏的孝顺温和非常喜爱，经常赞不绝口；马氏的品行，也得到了太子刘庄的喜爱。

明帝刘庄即位后，由于他对马氏的宠爱，没有顾忌她没有亲生儿女，也没有顾及马氏家族已衰的事实，在太后阴丽华的支持下，明帝继位为帝三年后，册立马氏为皇后。

明帝登基后，一些王公大臣们纷纷将自己的女儿送进宫中，期盼着能够借此成为皇亲国戚。在这些新入宫的女子中，有一位贾氏，贾氏入宫不久，就为明帝刘庄生下了儿子刘炟。

明帝依例将生育了皇子的贾氏晋封为贵人，然后把贾氏所生的儿子刘炟交给马皇后抚养。马皇后非常感谢丈夫对自己不育的体谅，悉心抚养这个孩子，她事事亲力亲为，无微不至，在这个孩子身上所付出的母爱，甚至超过了宫中其他妃嫔养育亲生孩子的付出。马氏与养子之间彼此相亲相爱，毫无芥蒂。

马皇后的贤德，使阴氏家族、贾氏家族以及另两位嫔妃家族甚至满朝公卿大臣都无话可说。于是，在明帝永平三年（60年），马氏成为明帝刘庄皇后的同时，其养子刘炟被册立为皇太子。

马氏做了皇后之后从不干预朝政，但她对世事却能明断其理，这一点让明帝也十分佩服她。马氏常常在明帝身边服侍，明帝遇到政务上的难题也让她帮着出主意，马皇后却从不借机为自己的家族捞好处，可以说是一位史上难得的好皇后。

第十三章　宽厚无为　章帝刘炟

东汉第三位皇帝是汉章帝刘炟，他是汉明帝刘庄的第五个儿子。刘炟生于中元二年（57年），永平三年（60年）4岁时被立为太子，永平十八年（75年）即皇位时年19岁。第二年改年号为建初（76—84年），后来改元元和（84—87年），三年后又改元章和（87—88年），在位13年。

1.《白虎通义》：尊崇儒学，确定礼制

社会政治层面功能的形成和加强，使儒学不再是单纯的伦理道德修养和政治理想的学说，而是具有了社会制度方面的律条的作用。

从西汉初年叔孙通制礼作乐开始，儒家思想渐渐得到皇家的重视。汉武帝采纳经学大师董仲舒之议，独崇儒术，罢黜百家。经义为汉治法，攻读儒经便成了经师们荣显的专门行道。但汉武帝采取兼容并蓄的态度，分别为当时有名的儒家学派在太学设一讲座，称为学官。自此以后，儒家学说经政府的倡导，获得了广泛的传播，越传越多，越传越繁琐。汉宣帝甘露三年（前51年），鉴于当时诸经分派分支太多，对经义的解释也各有差异的状况，宣帝制订了"石渠阁（未央殿北藏秘书的地方）奏议"，使之成为西汉封建政权第一套完整的法典。西汉末年，哀、平之际，儒家哲学内部发生经今、古文派之争，从此以后，经今、古文二派斗争激烈，你消我长。

东汉光武帝中元元年（56年）宣布图谶于天下，进一步把儒家经义与谶纬图书等迷信的东西结合起来，完成了东汉国教的形式。谶与纬连称，是一种长期的发展结果，即总结过去所有的具有一定性质的预言，而用以解释一般性质的儒家经典，使那些预言与儒家经典相交织，使圣人的教条与神灵的启示合二为一。这样，圣经变成了天书，孔子就变成了神人。

到了汉章帝建初四年（79年），东汉光武的法典和国教更加系统化了。当年，章帝将大夫、博士、议郎、郎官及诸生、诸儒集会白虎观，讲

义五经同异。使五官中郎将魏应承制问，侍中淳于恭奏，章帝亲临现场，裁定对错，决定取舍。这样一连数月，问题才得以解决，这就是白虎观奏议。钦定的奏议，赋予了汉光武帝以来儒家经典与谶纬迷信相结合的神学性与国教化性质。作为这次历史性会议结果的集中体现者，是典籍《白虎通义》，又称《白虎通德论》、《白虎通》等，班固作为史臣对"白虎奏议"作了系统整理。

从《白虎通义》所引的经传来看，它包括《易》、《诗》、《书》、《春秋》（包括各家的《序传》）、《礼》、《乐》、《论语》、《孝经》以及各种逸文。《白虎通义》实际是白虎观奏议的记录。全书共分4卷，书中除征引六经传记外，杂以谶纬，将今文经学与谶纬糅合一起，体现出了东汉统治思想的特点。

2. 礼遇诸王：恩宠有余，遗祸无穷

君主个人性格的缺陷，往往在治国方面体现得很明显，宠信臣子，为的是更好地治理国家，但有时政事却毁于君主的宽仁。

东汉建国伊始，汉光武帝与明帝两朝，对宗室诸王的抑制措施都非常严厉，实行藩王年长都遣返回国，一律不准滞留京师的规定；并且严禁诸王结交宾客，以防结党营私。尤其明帝刘庄对刘氏宗族的摧残达到了顶峰。章帝刘炟对此感到"痛心疾首"，他即位之后便千方百计地维护宗室诸王的利益。

章帝即位后，于建初四年（79年）下诏"令诸国户口皆等，租八岁各八千万"。明帝时分封诸王，每年才食俸二千万；章帝此举比明帝时提高了4倍。汉制皇女皆封为乡、亭公主，章帝又将东平宪王刘苍女、琅琊孝王刘京女特封为县公主。

按规定，诸王受封后必须立即就国，但章帝违反常规，恩宠逾制，礼敬过度。建初三年（78年），广平王刘羡、巨鹿王刘恭、乐成王刘党都应到封地就任，但当有司上奏时，由于章帝"笃爱"不忍与诸王离别，便都留在了京师。章和二年（88年），济南王刘康、阜陵王刘延、中山王刘焉来朝，同以前入朝一样，章帝又把他们及其子弟留在京师，长期不去。章帝对诸王的赏赐也十分优厚，仅东平王刘苍就"赐钱前后一亿，布九万匹"；另外，章帝还对诸王及其后代多予增土、封侯，如增封乐平靖王刘党8县、梁节王刘畅6县、下都惠王刘衍17县，封赵孝王刘良利10人为亭

侯、沛献王刘辅子12人为乡侯等。

　　章帝比较倚重东平王刘苍，在遇到争议比较大、难以决断的问题时，总是派人前去刘苍处问询，而刘苍则每次都根据情况认真分析，给章帝一个合理的决断作为参考，其建议常被采纳。刘苍年逾古稀之际来京城朝拜章帝，章帝亲临其京师宅邸并亲自检查他的生活用品。一个多月后，刘苍欲返回封地，临行之前章帝流涕相送。刘苍回到封地后便一病不起，章帝派遣宫廷名医前作候治，派遣朝廷小黄门前去侍奉，派往探视病情的人员不断，可以说章帝对刘苍及诸王的礼遇达到了极限。

　　但是章帝所没有料想到的是他宽厚待人却造成了人们无视礼法、违背制度的现象，他宽厚理事却造成了国事的最终祸乱；他珍惜用财却天灾不断，国资损耗，财用近于枯竭。章帝对宗室诸王放松控制，他们得到优待之后，并未得到满足，反而有恃无恐，更加放纵，他们生活腐化侈靡，骄奢淫逸。章帝的省刑慎罚一方面缓和了明帝时期刑罚严酷带来的一些矛盾，另一方面却也使大富奸臣贪官污吏枉法于上，东汉后期土地兼并严重，吏治腐败黑暗，不能不说是由于章帝的宽仁所致。

3. 废立太子：窦皇后横刀夺爱

外戚专权的势力逐渐嚣张，倚仗手中的权力，为了自己的利益，不惜一切代价，甚至横刀夺爱。

对外戚的纵容以及外戚违法的事情发生后不能进行明断，是汉章帝所犯的最大错误。章帝宠信窦后，放纵外戚，改变了光武帝和明帝的政策，最先开创了东汉外戚任政的恶例。汉章帝的皇后窦氏是窦融的曾孙女，父亲窦勋。建初二年（77年），窦氏与她的妹妹被选入长乐宫，第二年窦氏被封为皇后，她的妹妹也被封为贵人。窦皇后登上后位不久，汉章帝便下诏封她的哥哥窦宪为郎，封她的弟弟窦笃为黄门侍郎，一起打理宫中机要政事。窦氏兄弟恃宠日骄，肆意妄为，致使大族世家无不畏惮。窦氏的嚣张气焰和势力扩张，引起了朝臣的警惕，司空第五伦曾上疏指责窦宪拥兵自重，交游宾客，章帝对此也不警觉。

有一次，窦宪看中了汉明帝女儿沁水公主的园田，就用低价强行侵夺，公主也不敢计较。窦宪强"买"沁水公主园田的事情，也传到了章帝耳中。有一次，章帝让窦宪陪同巡幸，路过沁水公主园田时，他故意委婉地问起窦宪，见他言辞闪烁，才知传闻是真的。尽管章帝当时龙颜大怒，却因窦皇后撕毁衣服代为谢罪，而章帝最终也以窦宪归还公主园田了事，就没有治其罪。这种欺君之罪的处理方式未免太过宽宏大量，它所导致的直接后果便是窦氏家族对皇权的日渐藐视。窦氏连汉家公主的田地都敢公然侵夺，可想而知百姓的土地就更不在话下了。章帝不深究，大臣们便不再敢言语。于是，外戚更加有恃无恐，官吏便开始为所欲为，东汉后期朝廷也便每况愈下，直到走向灭亡。东汉后期朝政腐败，官吏奢靡、土地兼并、外戚宦官专权，最终导致刘家政权的灭亡，汉章帝无疑扮演了一位祸首的角色。

章帝的后宫中，与窦氏姐妹同年入宫的还有宋杨的两个女儿、梁竦的两个女儿，她们与窦氏同时被封为贵人。建初三年（78年）二月，大宋贵人生下皇子刘庆。建初四年（79年），刘庆被立为太子。同年，小梁贵人生下皇子刘肇，被窦皇后收为养子。窦皇后为了达到专宠的目的，开始陷害宋贵人。章帝在窦皇后三番五次的挑拨之下，于建初七年（82年）下诏废皇太子刘庆为清河孝王，改立刘肇为皇太子。

窦皇后收养了刘肇之后，刘肇的生母小梁贵人非常高兴，却引起了窦皇后的极大反感。于是，窦皇后又对梁贵人姐妹百般陷害，梁贵人姐妹忧郁成疾，不久便死去了。

窦皇后按自己的意愿废立了太子之后，又想按自己的意愿重排朝廷的位置。窦氏家族在明帝时几乎遭到了毁灭性的打击，而马氏家族仍居显要位置。马氏家族代表人物马廖谨慎笃诚，匿能自守，其子弟却往往骄奢放纵，章帝早有察觉，并多次加以训诫，加以约束，这样马氏家族权势渐微。

章和二年二月，章帝刘炟病逝于章德前殿，享年31岁。10岁的太子刘肇即位，即汉和帝，从此，窦太后便掌权了。

第十四章 少年天子 和帝刘肇 殇帝刘隆

　　东汉第四代皇帝是汉和帝刘肇（79年—105年），他是汉章帝的第四子，生于建初四年（79年），亲生母亲是梁贵人，后被章帝窦皇后收于膝下。他于建初七年（82年）被立为皇太子，章和二年即帝位。在位17年，谥号"孝和皇帝"，庙号"穆宗"。

　　东汉第五代皇帝是汉殇帝刘隆（105年—106年），出生仅百日登基，在位八个月即夭折，年仅2岁。

1. 太后专权：位高权重的外戚窦氏

外戚专权，奸臣当道，年少英明的和帝，一腔热血洒于东风，斩除外戚，夺回了刘家的皇权。

和帝即位时只是10岁的孩童，皇权自然落到窦太后手中，窦太后采取了一系列措施来巩固皇权，实质是维护窦氏家族的利益。

首先，是封官集权。窦太后所封之官，要么是她的亲属，要么就是肯顺她意的朝臣。窦太后之兄窦宪由虎贲中郎将提升为侍中，掌管朝廷机密，负责发布王命；她的弟弟窦笃任虎贲中郎将，统领皇帝的侍卫；另外两个弟弟窦景、窦环都任中常将，负责传达诏令和统理文书工作。经过这番任命，窦氏兄弟就都处于皇帝身边的显官要职之位，自然也就掌握了国家的政治中枢。

其次，宣布解除郡国盐铁的禁令。窦太后为了迎合豪强地主的利益，大开盐铁禁令，环境遭到了破坏，资源被浪费，税收减少了，豪强势力逐步壮大，国家利益却被损害。

然后，窦太后又因私利去攻打北匈奴。南匈奴单于在北匈奴遭受灾乱之时，请求大汉王朝帮助他扫平北匈奴。朝臣们并不同意去管他国之事。但由于窦宪无视皇权，刺杀了来京都洛阳吊唁章帝的都乡侯刘畅，窦太后为使窦宪免遭处罚，便派他为车骑将军，与南匈奴一起攻打北匈奴。

窦宪率军于永元元年（89年）与北匈奴军大战于稽落山，大获全胜，追击余部一直到私渠比革是海。出塞三千余里，登上燕然山（今蒙古人民共和国杭爱山），刻碑铭功后班师回朝。得胜还朝后的窦宪，更加不可一世，耀武扬威。他刺杀刘畅之罪没有人再敢提起，窦太后将其加官封爵，升任大将军，又封为武阳侯。自窦宪充任大将军后，这一职位居三公之上，仅次于太傅了。跟着沾光的还有：窦笃升任卫尉、窦景和窦环升任侍中。窦氏兄弟骄奢日盛，满朝文武无人敢违，汉家江山俨然为窦家所有。

尚无执政能力的和帝只得任由窦太后独断专横，将政权揽于自己一人之手。窦太后把大批窦氏家族子弟和亲朋故旧升任为朝官或地方官，从而上下勾结，报复打击，专权放纵，为所欲为。其弟窦景放纵奴仆胡作非为，甚至大白天公然拦路抢劫，侮辱妇女，有关部门竟不敢言。其兄窦宪养了许多刺客，实行暗杀政策，谋害那些具有宿怨私仇、持有不同政见、可能危害窦氏的人。窦太后依靠着至高无上的地位和权力来满足一己私欲。永元元年（89年）正值窦宪征兵北伐匈奴，窦太后下诏为弟弟窦笃、窦景修建豪华住宅，府第相连，占地无穷，大兴土木所耗费的人力、物力、财力，更增加了人民负担。

从和帝即位到永元四年（92年）上半年的近五年时间里，窦太后一直把持朝政，和帝实际上只是一个傀儡皇帝。随着窦家权势、欲望的膨胀，窦氏甚至有了剽窃皇位的念头，打起了诛杀和帝的算盘。汉家江山，一时处于危急之中。

2. 夺权亲政：排除异己，整顿朝纲

　　封建统治阶级政权利益的斗争，可谓极为激烈，为了达到自己的欲望，各方努力展开争斗，最终的结果往往是夺权篡位，和帝的公正处事维护了自己的政权。

　　随着年龄的增长，汉和帝刘肇越来越懂事，他已看出窦氏专权的危害，又在那些忠于刘氏家族的大臣的引导之下，懂得了维护汉家江山的重要性。另一方面，权势日益膨胀的窦氏家族也感到了和帝成人后潜在的威胁，他们不惜铤而走险，阴谋杀害和帝。窦宪与女婿郭举及其父郭璜、部下邓叠及其弟邓磊等，一起密谋杀害和帝刘肇之事，试图篡汉家江山取而代之。和帝经人密奏得到这个消息以后，清楚地认识到，一旦窦宪阴谋得逞，自己的性命难保不说，且汉室江山从此易姓。于是，他决定尽早制定对策，否则后果不堪设想。

　　窦家专权以来，满朝文武只有司徒丁鸿、司空任隗、尚书韩棱等可以让和帝信赖，但是窦氏此时已经限制了和帝与内外大臣直接单独接触的权力，和帝的身边只有宦官能够替他去沟通内外，传递信息。经过认真的观察，和帝觉得只有中常侍后令（负责宫内河池苑固的宦官）郑众可以议此事。郑众服侍和帝多年，对皇室一直忠心耿耿，比较可靠，且为人谨慎机敏，可以出谋划策。于是，和帝趁别人不在，与郑众说了自己的想法，郑众早已看不惯外戚势力的横行霸道，与和帝心思不谋而合，就劝和帝早些下手。

　　由于窦宪正在凉州镇守，和帝担心一旦京城有变，他必然领兵叛乱。为了减少损失，保证事情成功，和帝下诏令窦宪来京辅政，先行把他调回来。等到窦宪回到京师，再抓捕他。事情着手的头天晚上，和帝亲自御临北宫，命令司徒兼卫官丁鸿，严兵守卫，紧闭城门；命令执金吾、五校尉等分头捉拿郭氏父子和邓氏兄弟，清除了有兵力的外围势力。次日，和帝派谒者仆射直入窦家，宣读诏书，将窦宪的大将军印绶收回，并限令窦宪与其弟窦固、窦景等各回封地。郭璜等人下狱处死，和帝因窦太后的养育之恩，没有公开处死窦氏兄弟，等他们回到封地后才下令他们自杀。窦氏四兄弟中除窦环未参与谋反被免罪外，其余全部毙命。

　　窦氏为维护专权，安插了大量党羽，且窦氏家族权势的贵盛造成了一些时臣趋炎附势成风，因此朝廷上下多有附臣与亲信。和帝执掌政权后，立即着手清理窦氏家族的余党。太尉宋由因为窦氏党羽而被罢免后自杀，其他窦氏的亲朋故旧，凡是依仗窦家的关系而做官的，全部遭贬官回家。

　　年仅14岁的和帝在这场夺权斗争中以胜利告终。整个过程干净利落，并没有引起朝野的极大恐慌与混乱。由此可见和帝的机智、敏锐、干练与稳重。在铲除窦氏一党的过程中，也免不了有一些挟私怨报私仇的现象发生，班固便是蒙冤而死的一位将军。汉和帝后来知道了这些情况，便下诏谴责那些朝臣公报私仇的恶劣行径，并将那些害死无辜之人的狱吏处死抵罪，充分表现了和帝处事公正、有错必究的能力。

3. 清明政治：以民为本，巩固社稷

"民为邦本，本固邦宁"，国以民为本，民无信不立。民气不顺，那么社会就难以稳定。解民忧、顺民气，国家才能走向和谐！

一举扫平了外戚窦氏集团的势力，和帝扬眉吐气，开始亲理政事。他非常勤恳，每天早早上朝，直到深夜仍然批阅奏章，可见他对自己皇权得之不易的珍惜。和帝亲政以来从不荒怠政事，他的所作所为可以使他称得上是一位英明之主。

永元九年（97年）窦太后死。由于宫廷紧守秘密，和帝为梁贵人所生的事实始终没予公开。太后死后，梁家才敢奏明朝廷，为梁贵人讨一个说法。和帝这才知道了自己的身世之谜，但在如何安置窦太后的问题上，和帝却念及窦太后对自己的养育之恩，认为不应降黜，于是不降等号，谥为章德皇后。梁贵人被追封为皇太后。

和帝深感吏治建设对一个政权的重要性，因而非常重视官吏的选择任用。据统计，和帝当政时期，曾四次专门下诏纳贤。这不仅反映出东汉吏制的空虚与堕落，也表现出和帝为改变这种现状而做出的积极努力。

和帝一朝，曾多次平定过少数民族的叛乱。西北有西域都护班超大破焉耆，西域降附者五十余国；东北有乌桓校尉任尚大破南单于，将辽东收归，改为渤海郡。

和帝当政时期，曾多次下诏赈灾救难、减免赋税、安置流民，告诫臣下勿违农时。和帝在法制上也主张宽刑，他任用的掌管刑狱的廷尉陈宠运是一个富于同情心的仁爱之人，每次断案，都依刑经而"务从和帝"，对有过失之人，也能根据情况从宽处理。和帝十分体恤民众疾苦，多次诏令理冤狱，恤鳏寡，矜孤弱，薄赋敛，告诫上下官吏认真思考造成天灾人祸的自身原因，而他也常常以此自责。如水元八年（96年）京城洛阳地区发生蝗灾，他的忧民之心殷殷可见。岭南（今广东地区）出产龙眼、荔枝，为了满足朝廷需要，往往"十里一置，五里一堠，昼夜传送"，劳民伤财。唐羌上书，请求停止，和帝批示同意，爱民之意，发自肺腑。

　　从夺回政权到亲理朝政，可以看出汉和帝是一个宽和仁爱的君主。

4. 阴后邓后：是非明辨，废立后妃

作为一个英明的君主，明辨是非，甚为重要。是非应当明辨，这样才能巩固自己的皇权。

和帝明辨是非，当机立断，在清除窦氏集团的斗争中，他做到了这一点；在其后的废立后妃的事情上，这一点也表现得相当充分。

终和帝一朝，先后册封了两位皇后，一位是阴氏，一位是邓氏。阴皇后的父亲是东光武帝皇后阴丽华哥哥阴识的儿子阴纲，母亲邓氏是光武帝大功臣邓禹的孙女。阴氏于永元四年（92年）13岁时入选后宫。由于她聪明娇美、多才多艺，汉和帝非常喜欢她，不久就封她为贵人。与阴氏一样，邓氏也是一位世家女儿，名绥，父亲邓训是邓禹的第六子，官职护先校尉，母亲阴氏是阴丽华堂弟的女儿。永元四年的大选中，邓绥因父亲亡故，为服父丧，未能与阴氏一起参加特选。三年后才以特选资格进入皇宫。永元八年（96年）和帝18岁时，大长秋郑众奏请他册立皇后。经过一番选择，17岁的阴氏被册封为皇后，16岁的邓绥于同年被封为贵人。

阴氏原本聪慧美丽，但当上皇后以后，却逐渐露出了骄纵的本性。她甚至在和帝面前也会使出小姐脾气，更严重的是阴氏还善嫉妒。时间长了，和帝对阴皇后渐渐产生了不满，对她的宠爱也大不如前。

相比之下，邓贵人却是深明大义，善解人意。她对自己的要求相当严格，每事谨慎，一切行动均遵循礼法，对阴皇后更是恭敬，对待宫女、内侍等人也十分宽厚。邓氏在和帝面前也十分压抑自己的个性，约束自己的行为，还时常劝说和帝不要对她特别恩宠。邓绥有一次大病几日，卧床不起，和帝十分怜惜，恩许她可以让家人进宫探视，并且不限时日。邓绥却竭力推辞，说宫廷禁区，如果外人久留，会使他人不服，会批评天子徇私情，会讥讽后妃，于公于私都不宜。和帝听后，对邓贵人除了宠爱之外又加了些许敬重之情。

阴皇后见和帝对邓贵人恩宠有加，便越加妒忌与不满。邓氏则加倍小心谨慎，生怕在阴后面前有个闪失。邓绥见和帝对阴皇后日益冷淡，对自己日见宠爱，心中很不安宁。每当和帝想在嘉德宫留宿，她总借口身体不适，劝和帝去阴后的长秋宫，可见邓氏的宽宏大量。和帝看到她如此委曲求全，非常感慨她的以身养性。

永元十三年（101年）夏天，和帝身患痢疾，卧床很久起不来，病情日渐加重，阴皇后见和帝垂危，开始盘算如何打击报复邓氏。大家都以为皇帝没有希望了，只有邓贵人住在嘉德宫里天天为和帝祈祷，希望他早日康复。听说阴皇后要加害自己，邓氏非常担忧，值得庆幸的是，和帝的病后来渐渐好转，并能上朝理政，阴皇后的计划也就落了空。阴皇后的外祖母邓朱氏给她出主意，用巫术蛊道来咒诅邓氏快快死去，以保全皇后之位。此术有违汉律，属于非法行为。阴皇后为了巩固自己的地位，也顾不了那么多了。

永元十四年（102年）夏，有人把邓朱氏家供蛊一事向和帝密告，和帝经查问确有其事之后，非常气愤，遂以大逆不道之罪，将有关人员逮捕入狱。和帝认为阴后失德，不应再母仪天下，于是派人将阴皇后从长秋宫迁出别宫居住。阴皇后追悔莫及，在忧愤和羞愧中一病不起，终于在永元十五年（103年）死去，时年23岁。

阴皇后被废之后，中宫缺位。经过慎重考虑，和帝决定立邓贵人为皇后，朝臣均表示同意。邓绥当了皇后，不像阴后那样颐指气使，她依旧谨慎自制，带头节俭，凡珍奇异玩，一概下令摒除，以免玩物丧志。只要有供皇子读书所用的纸墨即可，其他一概无求。邓皇后的所作所为给后宫带来了一阵良好的风气。才女班昭所做的传世之作《女诫》七篇，就是根据邓皇后的举止言行加以修改补充而成的。邓皇后在和帝死后，临朝执政16年，兢兢业业，勤政爱民，扶持汉室，谨慎守成，以致最后操劳而死，这在古代后妃中实属罕见。和帝最终选择邓氏为后，可以说得上是独具慧眼。

和帝刘肇体弱多病，元兴元年（115年）冬十二月辛未，和帝病死，时年27岁。和帝死时还没有来得及立太子，阴皇后、邓皇后都没有孩子，和帝的嫔妃所生之子先后夭折多达十几位。为了刘家后继有人，之后的皇子出生后都由奶娘抱出宫外在民间寄养。和帝驾崩时已难以找到皇子们的下落。邓皇后千方百计却只找到了宫女所生的两个皇子。长者刘胜8岁，却有瘤疾，只好迎立出生才百日的刘隆为太子，当夜即位，即汉殇帝，尊邓后为邓太后。殇帝即位时还在襁褓之中，只能由邓太后临朝听政。汉殇帝刘隆于延平元年（106年）八月，死于崇德前殿，年仅2岁。此后，由邓太后亲政。

第十五章　坐享其成 安帝刘祜

　　东汉第六代皇帝即汉安帝刘祜（94年—125年），他是清河王刘庆的儿子、汉章帝的孙子、汉和帝的侄子。刘祜生于永元六年（94年），登基时年仅13岁，还不具备处理朝政的能力，因此，太后邓绥临朝执政长达16年之久。邓太后死后，安帝刘祜又依赖外戚及宦官来处理朝政，他是一个平庸至极、贤愚不辨的皇帝。

1. 邓氏临朝：贤太后掌权，高枕无忧

在皇室后继乏人的危急关头，邓皇后亲临执政，她吸取窦皇后的教训，以身作则，限制外戚权力，为国家稳定做出了贡献。

汉殇帝刘隆于延平元年（106年）八月不幸天折，时年两岁。汉殇帝死后，邓太后与大臣们商量，征得他们的同意后，连夜命人迎接清河王刘庆的儿子刘祜入宫。刘祜入宫后，先是被太后封为长安侯，然后准备即位；在宫殿辉煌的灯光下，13岁的刘祜茫然不知所措，只好听任大臣们的摆布。邓太后以刘祜"忠于国家，孝敬父母，仁慈厚道"，又是章帝的皇孙为由，宣布让他继承和帝的位置。宣诏完毕后，刘祜接过了朝臣捧上的象征皇帝权力的玉玺和绥带，登上了皇帝的宝座，即汉安帝。第二年，改年号为永初元年。汉安帝即位后，邓太后还像汉殇帝时那样，继续临朝执政。

邓太后亲理朝政近16年，她不失为一个明白的女主，对官员百姓实行了一系列管理措施。她勤俭节约，裁减贡赋；以身作则，限制外戚；广纳贤士，任用贤良；开办学校，注重教育；对刘氏家族的江山稳固做出了积极的贡献。

邓太后对邓氏家族子弟的管理非常严格。邓太后初登后位时，按照惯例，和帝要封赏她的宗室子弟，但她担心自己的家族会重演历史上外戚集团那样的悲剧，惨遭不测，因此对皇帝的赏赐总是"谦让"。一直到和帝死时，邓氏家族的人受封的都很少。等到邓太后执政以后，她更加注意自

己族人的言行。邓太后深知如果不对家族之人严加管束，邓氏家族最后就会身败名裂，因此她常常压抑族人的欲望，限制其势力，并时常告诫兄弟子侄们不要飞扬跋扈。邓太后临朝后，自然灾害不断，盗贼内起，四夷外侵，但她兢兢业业，勤政爱民，只要听说百姓受饥，她便彻夜不寐，亲自裁减宫中的用度，救济灾民。因此，她能够使民心稳定，天下也比较太平。

汉安帝继位之初，邓太后吸取前朝窦氏家族的失败教训，不偏重外戚，而是采取外戚与宦官并用的策略，并且还授权河南尹、南阳太守等朝廷官僚严格管束邓氏家族的亲戚宾客。同时，邓太后还表扬儒学，尊事奉公，把官僚集团吸引到外戚势力中来。综观东汉历史上几个得势的外戚集团，邓氏家族的表现应该是较好的一个。邓氏兄弟不受皇封皇赐，平时，他们也小心谨慎，奉公守法，勤于处事，这和邓太后对她家族的严格要求有很大的关系。

正所谓人无完人，邓太后在执政期间当然也有失误之处。她以女主的身份摄政，不能走出房闱之外，就不得不委用宦官这种刑余之人，以国命寄之，宦官因而日含天宪，权势进一步增长。一些朝臣，如大长秋郑众、中常侍蔡伦、秉权干政司空周章等人多次直言劝谏，邓太后都没有充分认识到这一点；除此之外，邓太后还过分看重手中掌握的权力，以致安帝长大成人后她仍不肯还政于刘家。那些劝她归政的人都遭到了严厉的惩罚。作为太后，她没有能培养安帝怎样做一个天子，安帝刘祜小时聪明懂礼，但长大后，安帝亲近宦官，平平庸庸，令邓太后感到不满意。提起废立之事，也没有对安帝加以正确的教导。在邓太后死后，安帝仅用五年的时间就尽失国政，这与邓太后不能说没有关系。

汉安帝朝邓太后虽然垄断了政权，但她还是比较清明忠顺的，对这时期社会的稳定做出了一定贡献，比起和帝时窦氏执政的骄奢淫逸，这可以说是大汉王朝之大幸。

2. 邓族惨祸：皇帝泄愤，累及无辜

在封建社会，谁掌握皇权，谁就掌握着天下，这使得汉安帝心怀愤懑，诛杀了邓氏之后。

安帝前期，由于邓太后对宦官的依靠，使宦官的权力有所扩大，宦官们占据了高官要职。邓太后这样做，虽然有平衡统治阶级内部权力的目的，但引起了一些朝臣的不满；同时，由于安帝成人，邓太后却不还政于他，使汉安帝对邓太后日益产生不满，两人之间出现了矛盾。汉安帝从小在郡国中长大，对宫内的事情并不熟悉，入继大统后，每天都与自己的乳母、宦官生活在一起，这些人的文化素养不高，只知道贪图小利，在安帝面前说三道四，指责邓太后和邓太后家人。汉安帝的乳母王圣见邓太后不愿归政于安帝，常常与安帝一起秘密议论此事，她担心邓太后会废掉安帝，自己也就失去了靠山。由于安帝与外界接触不深，不辨真伪，只知道权力应该是自己的，因此对太后日益嫉恨，邓太后也逐渐对安帝的品行产生了不满。

建光元年（121年）三月，41岁的邓太后因病去世，汉安帝亲政。这时，在汉安帝周围已经形成了以乳母王圣、中黄门李闰、江京为首的宦官集团。安帝长期不满受制于邓太后的地位，邓太后的死对汉安帝来说可真是一次大解放，邓氏外戚奉公守法，没有独揽大权，汉安帝可以毫无顾忌地行使皇权了。

邓太后去世后，乳母王圣和那些曾经受过太后责罚的官员一起，诬蔑

邓太后的兄弟邓弘阴谋废黜汉安帝另立平原王刘得为帝。这一诬告正中安帝下怀，汉安帝立即以谋反罪将邓弘处死，邓家的人很多遭贬官、惨死、流放，和邓氏家族关系密切的地方官吏也有很多人受到牵连。邓氏家族作为外戚虽然没有违反国法，却与以往的外戚命运并无不同。比如，像汉高祖时的吕后、汉宣帝的霍后、汉成帝的赵后、汉章帝的窦后。外戚之家得宠于先帝，却不被新帝恩宠，是应了"一朝天子一朝臣"的古语，一朝天子也自然是一朝外戚；另外，新皇帝要形成自己的核心，就必须要除去先帝皇后的家人，将其取而代之。

邓氏家族被清除以后，一些正直的大臣开始为邓氏申冤，之后又不断有人上书为他们喊冤。汉安帝怕引起大乱，也是在确实找不到处置邓氏家族把柄的情况下，下诏各州郡，将邓太后之兄迁葬于洛阳家族的旧坟内，命各个公卿都参加他的葬礼；又下诏命邓太后的弟弟返回京师，以平息朝臣的愤怒之情。

分析邓氏家族获祸，主要是由汉安帝年长后，邓太后不还政的原因造成的。汉安帝诛杀邓氏之后，宦官得势，他们招引失意的官僚和地方豪强做官，使之成为自己的党徒，与外戚集团对抗和争权，东汉的政治更加黑暗了。

3. 放权外戚：倚重三种势力，做甩手天子

　　安帝放权于外戚奸佞，任由宦官专权，导致吏治腐败，民怨沸腾，外戚与宦官专权的局面愈演愈烈，最后引发了废长立幼、欺君罔上的事件。

　　安帝在邓太后的操纵之下，虽然登上帝位，却没有亲政，因此，等邓太后死后，安帝亲政时，他便显得能力有限。大体看来，安帝在管理朝政的五年中，先后依赖过三种势力：安帝奶奶宋氏家族、皇后阎氏家族、宦官。安帝追尊父亲清河王刘庆为孝德帝，追尊母亲左氏为孝德后，追尊奶奶宋贵人为敬隐后；并封奶奶的四个兄弟宋衍、宋俊、宋盖、宋暹为列侯，宋氏一族中被封为卿、校、侍中大夫、谒者、郎史的有10多人。长乐宫宦官蔡伦因当初受窦氏的指使诬陷宋贵人，安帝登基后下令让蔡伦自己到廷尉受刑，逼得这位中国古代的发明家（四大发明之造纸术）饮毒而死。

　　河南荥阳人阎姬是汉安帝的皇后，她的祖父阎章的两个妹妹都是汉明帝的贵人，阎家因此成为皇亲国戚。元初二年（115年）也就是阎姬被选入宫的第二年被册封为皇后。她的父亲阎畅被任为长水校尉，又封北宜春侯，阎畅死后其子阎显承父业。安帝亲政后阎皇后的兄弟阎显、阎景、阎耀、阎晏都得以升迁卿、校之职，他们掌握着京师禁兵。延光元年（123年），安帝又改封阎显为荥阳君，就连阎显、阎景那七八岁的儿子们也都被任命为黄门侍郎。阎皇后欲效仿邓太后凌驾于万人之上，她想方设法地

参与朝政，安帝唯命是从，阎氏家族一时间权倾朝野。

宦官江京因迎立安帝立下首功，被升为中常侍，兼任大长秋一职，封都乡侯；李闰迁中常传，封雍乡侯；中常籍樊丰、黄门令刘安、钩盾令陈达等也都一一有赏。安帝乳母王圣被封为野王君，其女伯荣为中使。这些人勾结在一起，敲诈勒索，行贿受贿，骄奢淫逸，无所不为，以致矫诏的事情时有发生。安帝与内侍们亲昵，使宦官势力成为他执掌政权的依赖力量。

有朝臣上疏批评、斥责王圣母女，安帝看过之后，不仅不思其过，反而将奏疏拿给王圣等人看，使王圣母女、近臣内幸对这些忠臣痛恨不已，并寻机报复。

安帝身为天子，却宁愿做一位"甩手掌柜"，倚重三方势力来打理刘家天下。这样直接导致了废长立幼、欺君罔上事件的发生，也使外戚与宦官专权的局面愈演愈烈。

4. 私立少帝：安帝无为，阎氏专权

昏庸无为的安帝听信了宠妃的谗言，废除了刘保的太子地位，为血腥的宫廷之变埋下了伏笔。

汉安帝宠爱阎氏，先立她为贵人，后将她立为皇后。阎皇后虽受到安帝的宠爱，可是没有生下一个儿子，这对她的皇后位来说是一个潜在的威胁。宫女李氏为安帝生了一个儿子，起名刘保。在母以子贵的封建社会里，儿子被立为太子，母亲就有可能被立为皇后。所以阎皇后对李氏特别妒忌，怕自己因为没有儿子，皇后地位会被李氏取代，于是就将李氏毒死。李氏身为宫女，在宫中只不过是个服侍后妃们的婢女而已，地位相当低下，阎皇后毒死她之后，对外宣称李氏是暴病身亡。

永宁元年（120年），刘保被立为太子。刘保常生病，安帝认为他所住的房间不吉利，就让他同安帝的乳母王圣一起居住。王圣被安帝封为野王君，安帝对她言听计从，她在帮助安帝清除邓氏家族的势力中立了功，所以一时权倾天下。刘保的乳母不愿刘保同王圣一起住，因此得罪了王圣，最终被王圣诬陷而死。王圣因为害死了刘保的乳母，担心将来刘保即位后会向她算这笔账。恰在此时，阎皇后毒杀了太子刘保的生母李氏，又想除掉刘保。因此，二人不谋而合。一个联手加害太子的计划就此制定好了，昏庸的安帝听信了他们的谗言，将刘保的太子位废除，降封为济阴王。

延光四年（125年）春天，安帝在与阎后及其兄弟南下巡游的路上暴病身亡。阎后的哥哥阎显等人担心京城的留守官员知道安帝死后，会拥立安帝惟一的儿子济阴王刘保为帝。刘保是因阎皇后而被废黜太子之位的，若刘保即位，当然对阎氏家族不利。阎显等便严密封锁安帝死亡的消息，将安帝的尸体放在卧车内，照常每天供给饮食，随从官员于卧车前请安朝拜，以此来掩人耳目。经过四天的急行，他们回到京都洛阳，朝臣们均不知道安帝已死。阎皇后回到宫中后，假称安帝病危，以欺骗臣民，并于当晚宣布安帝死亡。随即宣布尊阎皇后为太后，临朝称制。

阎皇后垂帘听政后，任命阎显为车骑将军，位及三公，执掌朝政。阎显的三个弟弟阎景为卫尉、阎耀为城门校尉、阎晏为执金吾，整座京城的武装力量全掌握在阎氏兄弟三人的手中。阎太后为了长久专权，不立安帝独子，而迎立汉章帝的孙子济北惠王刘寿的儿子北乡侯刘懿（又名犊）为帝，即汉少帝。阎皇后册立刘懿，是因为刘懿年幼，父母又久居藩国，在朝中没有根基，无所依靠，可由其任意摆布。阎氏家族执掌国政后，杀逐安帝亲信宦官，大权独揽，刘氏王朝的政权便由宦官转到外戚手中。

汉少帝刘懿在位仅7个月就病死。少帝死后，阎氏兄弟又关闭宫门秘不发丧，屯兵自守，准备再次从众王子中挑选一个易于控制的傀儡做皇帝。这就再次引发了一起血腥的宫廷政变。

第十六章　治世不明　顺帝刘保

　　东汉第七代皇帝是汉顺帝刘保（115年—144年），他是汉安帝唯一的儿子，母亲是宫人李氏。刘保于延光四年（125年）被立为帝，在位19年。谥号"顺帝"，庙号"敬宗"。他的一生经历了大起大落的波折。

1. 安帝独子：从废太子到真皇帝

安帝性情温和，为人过于软弱，他依靠宦官得来皇位，大权自然掌握在宦官手中，安帝朝宦官、外戚互相勾结，弄权专横，政治腐败，阶级矛盾日益尖锐，政治局面黑暗。

东汉开国皇帝光武帝刘秀有11子，汉顺帝有9子，汉章帝有8子。而到了和帝，所生皇子前后夭折了十几个，到最后只剩下2个，大的是个痴呆，继位的殇帝死时年仅2岁。因此，皇子的降生对于刘氏王朝来说，是越来越显得珍贵了。元初二年（115年），宫人李氏生下刘保。没等刘保满月，阎皇后便鸩杀了李氏。永宁元年（120年），6岁的刘保被立为太子。为庆祝皇储得立，后继有人，汉安帝诏令改元，并大赦天下。延光三年（124年）八月，安帝乳母王圣、宦官江京与阎皇后共同诬告太子与乳母、厨监等东宫官属密谋叛乱夺权。安帝非常愤怒，诏令废太子刘保为济阴王。

安帝去世后，继位的汉少帝仅当了二百多天皇帝就命归黄泉了。阎显兄弟及江京准备再从章帝的儿子济北王和河间王两家中挑选一个王子作为傀儡皇帝，打算继续让阎太后临朝；而安帝唯一的亲生儿子济阴王刘保却被阎氏排挤在外。宦官中的中黄门孙程非常同情济阴王刘保，心中怨恨江京以及阎显。孙程见少帝刘懿病重，料想到阎显等人肯定会另有阴谋算计之事，于是他联络了一批对阎显专权不满的宦官和大臣，准备一同迎立济阴王刘保为帝。

拥立者与被拥立者之间有一种权力上的默契——被拥立者得到皇位，拥立者得以封功赏爵。趁阎显欲立的小王子还没有被接进京城，宦官孙程等人打算先下手为强。他们聚在一起，割断衣衫，对天发誓，表示要为迎立济阴王刘保而同生共死。不料阎显却已早有防范，除了派李闰在刘保所住的地方进行监护外，又加派江京去刘保的住所进行监视，目的就是防止有人劫持刘保，拥立他为帝。孙程等人在夜间乘其不备，潜入刘保的住所。江京、李闰等正坐在刘保住所的大门前，悠闲地聊天，孙程等19人拿出暗藏的利剑，突然冲上前去，将江京等三人杀死。孙程等未遇到任何反抗，很轻易地劫持到了济阴王刘保。孙程令服侍济阴王刘保的人员将他扶持到德阳殿，登上皇帝的宝座，刘保时年11岁，是为汉顺帝。

大臣们的态度也是很明朗的，他们认为济阴王刘保是安帝唯一的儿子，按封建传统是最合法的继承人，原本被立为太子，只是因阎显等人的陷害才遭废黜，因而迎立刘保是合乎道理的，便都向顺帝下拜称臣。孙程手中抓住了一个被朝臣认可的合法皇帝，等于有了一张王牌，也有了一定的号召力，与阎显的斗争处于有利的上风。于是，他传顺帝的诏令，号召宫廷内的官员缉拿阎显。尚书郭镇带领警卫将阎景送到监狱，当夜阎景便死在狱中，阎家再也无能为力，彻底失败了。孙程便派人到皇宫取下阎太后手中象征皇权的印绶，又以顺帝的名义，下令逮捕阎党中人并一同处决。阎氏兄弟的家属被流放到比景（今越南中部地区）。阎氏兄弟及其党羽被诛杀后，永建元年（125年）正月，汉顺帝率朝臣到东宫朝见太后，阎太后就在这个月病死了，她死后与汉安帝合葬于恭陵。

阎氏专权以短命告终，权力归到宦官孙程之手。

很自然地，以孙程为首的19位宦官都得到封侯。孙程等举荐刘保，并不是因为刘保怎样贤能，汉顺帝刘保在承继皇位的同时也遗传了汉安帝政治上的无能，导致了政治局面的黑暗与昏庸，而其中最明显的标志便是宦官与外戚的轮流执政。

2. 平衡权术：以外戚抗衡宦官

　　帝王之道，就是平衡之道，妥为利用各方势力，使之相互牵制。然而帝王如不能掌握争斗主动权，就会面临大权旁落的危险。

　　宦官的社会地位在秦朝时十分低下，到了西汉，宦官的政治地位有了一定提高。从东汉光武帝开始，宦官被重用的程度逐渐增加，其权力逐渐得以扩大。尽管在士大夫眼中，宦官仍是一些"刑余之人"，与之共事是一种耻辱，但宦官的社会地位确实在毫无疑问地提高。顺帝朝时，宦官可以娶妻纳妾，宦官的性机能已遭破坏，但他们为了挽回社会上对他们的轻蔑而广泛娶妻纳妾。不仅如此，宦官还可以养子袭爵，他们为了留下财产，封爵后继有人，往往收养亲属或异姓子女为养子，也买奴隶为养子。顺帝阳嘉四年（135年）下诏允许宦官养子传后并可袭爵，这样一来，在法律上承认了宦官养子袭爵的合理性。

　　宦官集团由于拥立顺帝有功而受到了顺帝格外的宠爱，并得到了特权。他们不仅直接参与政事，而且在顺帝统治前期专权于朝政；有时甚至能够左右皇帝的命令。这期间，一些大臣不断上书声讨宦官专权，顺帝刘保也倍感来自宦官的压力，他也在朝廷中寻找着一支能够取代宦官而又让他放心的力量。

　　随着梁妠于阳嘉元年（132年）由贵人被册封为皇后，顺帝逐渐将皇权倚重于梁氏家族了。梁氏的父亲梁商是一个遵循礼法之人，他在百官中很有声望，在顺帝的眼中也是很有威望的人。梁商为人诚实稳重，孝顺父母，天资聪敏，友爱兄弟，是一位处事谨慎、待人谦柔和顺、廉洁不贪的好官。梁商并没有因女儿嫁入皇家就飞扬跋扈；梁氏被封为皇后之后，汉顺帝厚赐这位国丈驷马大车，又下诏封梁商之子梁冀为襄邑侯。梁商觉得自己的儿子没有为国家做出贡献，就没有让儿子接受这个他人求之不得的爵位。梁商深知自己的外戚身份，更加洁身自爱。每遇饥荒之年，他就令仆人赶着牛车，把米盐菜钱送给饥民，连姓名也不留下。此后，梁氏外戚势力逐渐壮大。梁氏家族虽然还没有形成与宦官相抗衡的强大势力，但已开始发迹。外戚与宦官的较量由此陆续展开了。顺帝的乳母于永和二年（137年）因犯"构好诬罔"罪刑而受到处罚，拥立顺帝居功的19位宦官中黄龙、杨他等9人与被夺爵归田的山阳君宋娥有密切的往来，因此被遣归国。经此一事，朝中宦官势力遭到了打击。

永和六年（141年），梁商死后，汉顺帝亲临其丧，赐以东国秘器陪葬，钱二百万，布三千匹。按照朝廷礼制厚葬，其子梁冀被任命为大将军，其弟梁不疑被任命为河南尹。梁冀接替父职后像一颗灾星一般，他不仅使外戚专权达到了空前的地步，更使东汉的政治进一步昏暗。

在这场外戚与宦官的较量过程中，一方面是宦官势力不断遭到打击，另一方面是外戚势力不断地壮大。在外戚势力的壮大过程中，梁商奠定了重要基础，其子梁冀则达到了权力顶峰。到汉顺帝末期的时候，外戚的势力已经取代了宦官，成为朝廷绝对的统治力量。

3. 梁后之功：以史为鉴，宽厚待人

以史为鉴，可知兴替；以书为梯，可冶情操。宽则得众，犯而不校，尽力把大事化小，朝廷上下才能相安无事。

顺帝刘保的皇后是梁妠。梁家是东汉的大户，与东汉皇室的关系由来已久，和帝的外祖父梁竦的父亲梁统曾在王莽时期任酒泉太守，刘秀建立东汉后归附刘秀，成为开国功臣，被封侯任官。梁统还常常上书言事，劝皇帝立君之道要以仁义为主。梁统后来到九江任太守，清廉刚正，当地人畏而敬之。梁统死后，他的儿子梁松袭侯，娶光武帝刘秀的女儿舞阴公主。梁松精通儒家的经书，常与光武帝一起议定礼仪，受到光武帝的宠幸，光武帝死后，遗诏梁松辅佐汉明帝。汉明帝继位后，梁松受到弹劾，说他怀私推荐官员，梁松被免官，后来又牵涉写匿名书诽谤，结果被下狱处死。汉和帝即位时并不知道自己的身世，直到公元97年窦太后病逝，汉和帝才知自己并非窦太后的儿子。汉和帝身世一经挑明，便追封自己的外祖父梁竦为褒亲慰侯，把自己遭贬的三个舅舅梁棠、梁雍、梁翟都封为侯爵，赏赐与恩宠异常，梁氏家族从此开始发迹显贵。

永建三年，汉顺帝14岁的时候，依照汉制选宫女，梁雍之子梁商的女儿，年仅13岁的梁妠被选入宫中。梁商因外戚的原因，年纪轻轻就袭封侯爵。梁妠自幼聪明伶俐，很善于做女工，琴棋书画也都很精通，又特别喜爱读史书。梁妠被选入宫后，皇宫内的相士见到梁妠后十分惊讶，说她是自己从未见过的富贵相。梁妠被封为贵人后，很受汉顺帝的宠爱，经常被

召幸。梁妠聪慧、温柔，汉顺帝尤其喜爱她的知书达理，非常敬重她。

阳嘉元年（132年）汉顺帝年满18岁，按照汉代的礼制，有司上书皇帝，要求皇帝为了国家着想，册立皇后。汉顺帝准奏，召集大臣朝议此事，有的大臣向汉顺帝上奏说：梁家世代为名门贵戚，梁贵人知书达理，后宫的嫔妃对她也很佩服，应册立她为皇后。这正符合顺帝的心意，因此，顺帝非常高兴地封梁妠为皇后。

梁妠当上皇后之后，从历史的经验中知道外戚专权不仅对国家不利，还往往招致灭门之灾。她常常以史为镜，告诫自己的家人遵守法律，忠于职守，不要骄横跋扈和贪赃枉法。她自己也处处谨慎，严于自律，对待嫔妃、宫女和周围的太监都很和善。梁皇后还经常劝诫汉顺帝以国事为重，不要贪恋酒色，要亲近贤臣，远离小人。这样一来，梁皇后在宫中便很有威望，也深得汉顺帝的宠爱和敬重。遗憾的是，梁皇后侍奉顺帝16年却没有生育。汉顺帝的虞美人生有一子一女，梁皇后非常疼爱他们，视为己生。建康元年（144年），汉顺帝立虞美人的儿子刘炳为皇太子。同年八月，汉顺帝病死，年仅2岁的刘炳即位，即汉冲帝，尊梁皇后为梁太后，冲帝年幼不能亲政，梁太后便临朝执政。

梁妠与其父梁商一样是个清明之人，因此，她在后宫，或临朝听政之后，大汉王朝并没有因外戚的专权而发生什么极端事件。但其后梁氏家族却因梁皇后的哥哥梁冀的专权而声名狼藉。

4. 身后事：冲、质二帝

面对最高权力和自身的利益，历史总是有着惊人的相似，权力的争夺总是伴随着杀戮和血腥。

顺帝朝宦官、外戚相继执政，他们执政的根本目的是为了维护自己集团（家族）的利益，因而顺帝时期朝政上下一片黑暗，奸佞当道。当时，一些忠良正直之臣全力进谏，希望顺帝能够勤于政事，有自己的为政主见。然而，顺帝虽然经历了很多曲折与磨难，却未能磨砺出睿智的思想，不能驾驭皇权，只能在权臣的斗争中或顺水推舟，或作为看客。

汉顺帝于建康元年（144年）刚刚确立皇子刘炳为太子，就一病不起了。八月初六日，顺帝于玉堂前殿驾崩。九月十二日，顺帝葬于宪陵，庙号敬宗，太子刘炳即位，即汉冲帝。永嘉元年（145年）正月初六日，汉冲帝刘炳身患重病，不久驾崩，年仅3岁，正月二十七日，被葬于怀陵。

冲帝死后，皇位如何承继，成为十分尖锐的问题。在冲帝病重之时，梁冀就瞒着梁太后和文武百官着手寻求新的继承人。他看中了渤海王刘鸿年仅8岁的儿子刘缵，并且偷偷派人把他接到洛阳。而太尉李固等人则认为，清河王刘蒜年长有德，可以亲自理政，应该立他。梁冀却坚持立幼君，以便梁太后及自己能够继续把持朝政。永嘉元年（145年）正月二十四日，梁冀亲自持节将刘缵迎入南宫，第二天，封为建平侯，当日即皇帝位，是为汉质帝。

梁太后在质帝即位以后，非常信任太尉李固，朝政多委任于他。这使得梁冀非常嫉恨，于是，他写匿名信诬陷李固，说他假公济私，树立党羽；还诬陷李固于顺帝停丧时路人都知道掩面哭涕，他却扑着胡粉，搔首弄姿，从容不迫，举止闲暇，一点没有悲伤之意；梁冀又指李固违诏矫制，作威作福，罪应诛杀。梁太后看后就扔掉了，知是梁冀所写，根本不信。

汉质帝年龄虽小，却十分聪慧。有一次举行朝会，他望着梁冀说："这是个跋扈的将军啊！"梁冀听后，又恨又惧，生怕小皇帝长大了会不利于己，就派手下人在质帝所吃的汤饼中下了毒药，毒死了他。本初元年七月初二日，质帝被安葬于静陵。刘氏家族相继死去了三位皇帝，可见汉室衰微已无可避免。

第十七章 乱国之君 桓帝刘志

东汉第十代皇帝是汉桓帝刘志（132年—167年），他是汉章帝的曾孙，祖父是河间孝王刘开，父亲蠡吾侯刘翼，母亲是刘翼之妾匽明。刘志15岁那年即本初元年（146年）时即皇位，在位21年，谥号"孝桓皇帝"，庙号"威宗"。在位期间处于外戚、宦官和党人捆绑斗争的漩涡之中，他的态度：对外戚是毕恭毕敬，对宦官异常依赖。但是党人又不肯让皇帝完全依靠宦官，因此斗争不断。

1. 三帝之后：梁冀弄权，得以君临天下

权力的尊严是不容侵犯的，在封建社会家天下的时代更是如此。皇帝作为家族利益的总代表，必然要拥有绝对的权力，但外戚却利用年幼的皇帝还无能力执掌大权，而弄权于天下，使年幼的皇帝形同虚设。

汉桓帝是在汉顺帝、汉冲帝、汉质帝相继死去之后登上皇位的。建康元年（144年）顺帝得了重病去世，年仅30岁。还在襁褓之中的太子刘炳（母亲是顺帝的虞贵人）即位，即汉冲帝。顺帝的皇后此时已为太后的梁妠掌管了皇权。梁太后是一位知书达理，甚至可以称得上正直的女主，她一方面要处理后宫之事，一方面又要打理朝政，精力与能力毕竟有限，在忙不过来的情况之下，便十分倚重自己的哥哥梁冀，因此朝政大权便落到梁冀手中。尽管父亲梁商一辈子正直为官，而梁冀却没有继承父亲的遗风，他无恶不作，为此常受到梁商的教训，但他却不知悔改。梁冀从小生长在豪门贵戚之家，少年时便游逸成性，恣意妄为。本来，梁冀与梁太后一起辅佐一个小皇帝，可以说是很满意的事情了，但没想到，冲帝短命，在位不到一年便病死了。接下来该立谁为皇帝呢？当时，清河王刘蒜和渤海孝王刘鸿之子刘缵在朝臣的候选之列。梁冀为了能够继续把持朝政大权，最后确立了年龄比较小的刘缵为皇帝，即汉质帝。

汉质帝虽然只有8岁，却非常聪明，能够识别人之好坏。他公开指出梁冀的跋扈，使梁冀心生畏惧，就派人将质帝害死了。质帝死后，原来的

候选皇帝刘蒜本应即位了吧？也有大臣这样主张，但是梁冀认为刘蒜这个人威武明断，如当了皇帝恐怕难以操纵，于是，他不顾大臣们一再反对，又立了蠡吾侯刘翼15岁的儿子刘志为皇帝，即汉桓帝。其中，还有一个特别的原因，那就是刘志的未婚妻是梁太后的妹妹，这样一来，刘志登了帝位即可为梁氏家族所控制。梁冀正是需要一位不理朝政，受控于他的天子，桓帝合了他的品位，才得以坐稳21年的刘氏江山。

桓帝登基无疑是外戚梁冀掌权的结果，年幼的皇帝怎能知道政治斗争的内容与利害关系。皇帝无实权，只能听任摆布罢了。

2. 恩宠梁氏：惊恐之余，助纣为虐

在"小家"与"国家"这个大家之间，外戚专权，倚势作恶，最终，助纣为虐的奸党佞臣还是得到了应有的恶报。

汉桓帝即位之前，梁冀便因贪赃枉法、作恶多端而声名狼藉，甚至有人公开声讨他。桓帝由于被梁冀拥立，对梁氏家族的拥戴心存感激，即位以后不仅没有对梁冀做出什么处置，反而对其晋爵加赏。梁冀依仗梁太后在朝廷内外飞扬跋扈，连以前的皇帝都为他所害，刘志更不能轻举妄动，加上他的父亲刘翼曾被怀疑涉嫌谋取帝位而遭贬，所以刘志对于外戚梁氏，可以说是感激中带着恐惧，幽怨中带着无奈。这样一来，更加助长了梁冀的作恶之风。

桓帝即位后论功行赏，梁冀增封食邑一万三千户，封其弟梁不疑为颍阳侯、梁蒙为西平侯、其子梁胤被封为襄邑侯。另外，胡广、赵戒、袁汤以及中常侍刘广等都被封为侯。和平元年（150年）梁太后病逝，灵帝为了安慰梁氏家族，又增封梁冀万户食邑，至此梁冀一人已累计封邑三万户，大大超出了汉代封侯的界限；又封梁冀妻子孙寿为襄城君，兼食阳翟县租税，年入五千万，加赐赤绂，仪服同汉室长公主。元嘉元年（151年）桓帝又褒奖梁冀，召开公卿会议定其礼仪，当着公卿们的面，把汉朝元勋的各种礼仪合在一起，全部加在梁冀一个人的身上，真是前所未有。但贪得无厌的梁冀却仍认为所奏礼仪太薄，为此闷闷不乐。

梁冀的欲望难以满足，他将各地贡献给皇帝的奇异珍品悉数收入府

中，待自己挑选剩下后才转给皇帝；他又大肆修建豪宅大院，富丽堂皇堪比皇宫；还修建了规模宏大的园林，采土筑山，深林绝涧。梁冀的妻子孙寿与他一样贪婪，夫妻二人在一条街的两边各占一块地，竞赛一般比着建造高宅大院，大兴土木，尽掠珠宝，院中景象全是人工所为，却像自然天成一般，并于园林之中放满奇禽异兽，如世外仙境。二人常常令人用辇抬着，在花园中玩赏，过着神仙一般的生活。孙氏家族依仗梁冀的权势也飞黄腾达。梁冀对妻子孙寿又宠又怕，在孙寿的威劝下，梁冀把高官显爵加给孙氏家族，对外则声称自己不徇私，举贤避亲。

桓帝时期，梁冀得势后，梁氏家族中先后有7人封侯，3人为皇后，6人为贵人，2人为大将军，称为君的有7人，娶了公主的3人，其他卿、将、尹、校57人。延熹二年（159年），梁氏集团灭亡时，仅梁冀被没收的家产就达到了30多个亿的银钱！

梁冀为了独揽大权，不允许别人批评他，对那些批评他的人则进行残酷迫害。他还控制着官吏任免大权。当时，有一条不成文的规定，凡是官员升迁，都要先到梁冀家谢恩，以示对梁冀的尊敬，然后才敢去上任，在临行前梁冀会告诉官员到任后要照顾什么人，有不听话、不办事的官员，马上会被杀死或毒死。太尉李固在立君问题上曾多次与梁冀立幼掌政的思想发生冲突，梁冀对此心怀愤恨。建和元年（147年），甘陵刘文与魏郡刘鲔谋反，事败被杀，梁冀诬告李固和杜乔也曾参与其中。李固当时即被下狱，最后慷慨死于狱中。杜乔后来也被梁冀找借口杀掉了。

梁冀倚仗家族的势力长期把持着朝政，雄踞皇帝之上，趾高气扬，不可一世，终于招来了恶报。

3. 天子之威：铲除梁氏，又倚重宦官

桓帝作为统治者，想要管理好这个国家，却缺乏足够的智慧，这就使得他去依靠自己所亲近的宦官的力量来维护自己的统治，从而又上演了重用宦官的一幕。

和平元年（150年），汉桓帝已经是19岁的成年皇帝了。他登基之后一直由梁太后临朝听政，这一年，梁太后故去，临死前下诏"归政于帝"。但梁冀的势力实在太大了，直到延熹二年（159年）梁氏集团被铲除后，桓帝才总算摆脱了他的控制。

桓帝对梁冀一手把持朝政，连自己都无法参与的情况，心中也感到不平。但是，朝廷上下，到处都是梁冀的亲朋故旧；宫廷内外，到处都是梁冀的亲信党羽；桓帝的一切活动都在严密的监控之中，甚至连他的私生活也在梁氏的监督之下。

延熹元年（158年）五月二十九日，天上出现了日蚀现象。太史令陈授通过小黄门徐璜告诉桓帝说"这次日蚀之象原因在于大将军梁冀"，这句话传到了梁冀的耳朵里，他便陷害陈授，将其下狱并处死。太史令是皇帝的近臣，梁冀公然轻率地将他处置了，这让桓帝特别愤怒。随后梁冀又派人刺杀桓帝宠姬邓氏的母亲，未遂，桓帝愤怒到了极点，下决心除掉梁冀。但到处都是梁冀的人，这种想法该和谁商量呢？又在哪里商量才能避开梁冀的耳目？桓帝无奈之中走进厕所，随口将宦官唐衡叫进去。"如厕议事"反映出汉桓帝由于梁冀集团专权而做出的被逼无奈之举。汉桓帝与

唐衡商定后，选出可以依靠的人，即中常侍单超，小黄门史左悺、中常侍徐璜、黄门令具瑗。桓帝当即召五人入内室，共谋诛除梁冀之事，桓帝在单超的胳膊上咬出血来相互发誓。

石延熹二年（159年）八月初十日，桓帝亲自到前殿，召集各尚书上殿，着手部署除奸之事：他命尚书令尹勋持符节带领丞、郎以下官员拿着兵器守住省阁，收取各种符节，送到宫中；派具瑗率领骑兵、虎贲、羽林、都候剑戟士共一千多人，与司隶校尉张彪，一同包围梁冀住宅；派光禄勋袁盱持符节收回梁冀的大将军印绶，改封为比景都乡侯。梁冀与妻子孙寿自知罪大恶极，难逃法网，于是二人自杀。桓帝又下令收捕梁氏、孙氏所有宗亲，无论老少全部处死。其他受连累的官员死了几十人，梁冀亲朋故旧、宾客门生免官者达300余人，一时出现了"朝廷为空"的局面，可见朝野上下均是梁冀的人。把持朝政，统治长达20余年之久的梁氏集团，从此土崩瓦解。

汉桓帝此时已经28岁，在多年的外戚控制朝政的情形下，他也应该扬眉吐气一回，从而爆发出一种独立执政的能力。天下之人也抱有此种愿望，希望看到大汉王朝崭新的一页。令人想不到的是，汉桓帝此后却完全依靠宦官势力，这股势力更加腐朽，大汉王朝的政治仍然黑暗，社会仍然混乱，百姓依旧生活在水深火热之中。

4. 五侯得势：天子宦官沆瀣一气

　　历代皇帝为了保住自己的皇位，还会借助身边的人，汉桓帝也
不例外。当他铲除外戚集团以后，就依赖起宦官来执政了，而自己
却只图享乐。这样的皇帝是不可能坐稳江山的。

　　宦官在诛除梁冀势力的行动中立了首功，桓帝重赏单超、徐璜、具
瑗、左官、唐衡五人，并封他们为县侯。单超得食邑两万户后又被封为车
骑将军，其他四人各得食邑一万户，世称"五侯"。桓帝在得到了一些财
物的贿赂后，又将其他不大不小的宦官相继封为乡侯。从此之后，大汉王
朝的政治从外戚梁氏手中转到了宦官手中。

　　宦官五侯的贪婪放纵行径令朝野震惊。延熹三年（160年），宦官单
超死，桓帝赐给他东园秘器以及棺中玉器，赠给他侯将军印绶，并派人
处理他的后事，出殡时调动五营骑士，大造坟墓。其他四侯见单超得到
如此礼遇，便越发有恃无恐、骄横朝野。他们争相建筑宅第，互相攀
比，奢侈之风一时盛行。宦官的兄弟们、亲戚们依势无恶不作，横行城
中，鱼肉百姓。

　　宦官们得到封赏之后的嚣张行为，得到了朝中正义之士的极大反感。
延熹二年（159年）九月，借着"灾异数见"的机会，性情刚直的白马令
李云上书认为这是"小人陷害"、"财货公行"所致。李云的上书无疑是
将矛头指向了宦官政治的腐败，桓帝看后非但没有反思、清醒，却异常震
怒，命人将李云逮捕，并下诏黄门北寺狱办理此案，使中常侍管霸与御

史、廷尉调查处理。当时，弘农府属官杜众认为李云因为对皇帝尽忠而获罪，便上书"愿与云同日死"，昏庸的桓帝更加气愤，将杜众也关进大牢。一些大臣也因为李云说情而遭致免官，朝中再也没人敢说话了，桓帝对宦官的袒护由此可见一斑。

汉桓帝即位时，朝政由梁太后把持，梁太后死后皇权又掌握在梁冀手中，可以说，汉桓帝从来没有亲自处理政务的经验。因此，当宦官们帮助他铲除梁冀，夺回皇权后，他便又依赖起宦官来执政了，自己则只图玩乐与享受。

永寿元年（155年）太学生刘陶因司隶、冀州等地发生饥荒，甚至出现了人吃人的现象而上疏痛斥，指桓帝"妄假利器，委授国柄"，奏书并没有引起桓帝的兴趣。延熹九年间（166年），太尉陈蕃上疏抨击宦官"肆行贪虐，好媚左右"，为蒙冤的官员鸣不平，而桓帝的劝谏之词也没有被采纳。宦官们为了自己的利益，就要长期控制桓帝，他们投其所好，从各地挑选来大量的美女供桓帝享乐。史载桓帝的宫女曾多达五六千人，他把更多的时间和精力花费在这些采女身上，不仅冷落了皇后、嫔妃，更是荒芜了朝政。他沉迷玩乐，因纵欲过度而死，也没能留下子嗣，真是误己误国。

5. 党锢之祸：忠贞之士毁于昏聩之主

> 汉桓帝时期，政治的黑暗，官场的腐败，既阻碍了士人的入
> 仕之路，也伤害了他们的忠正之心。于是，他们面对现实，积极抗
> 争，却给自己带来了祸患。

汉桓帝时期，由于外戚、宦官轮流执政，特别是后期宦官专权，造成
社会动乱，政治黑暗，一些正直的官僚和太学生密切配合，遥相呼应，抨
击时政，成为一个与宦官相对立的群体。这些人被以宦官为代表的人诬称
为"党人"。"党"是结党营私的意思，自从东汉发生"党锢之祸"后，
"党人"一词广泛地流传开了。

李膺（字元礼，颍川襄城人。祖父脩，安帝时为太尉。父益，赵国
相。初举孝廉，为司徒胡广所辟，举高第，再迁青州刺史；陈蕃早年在汝
南郡任郡吏，后获举孝廉，先后换任郎中和豫州刺史周景的别驾从事，后
在太尉李固表荐下任议郎。汉朝以李膺、陈蕃等为首的反宦官斗争引起
了宦官集团的嫉恨。）于延熹八年（165年）陈蕃任太尉后官复原职。二
人都不满宦官执政，李膺因去宦官张让家中收捕其贪残无道的弟弟张朔，
李膺不惧怕张让将张朔杀掉了。张让向桓帝哭诉，桓帝立即召来李膺，责
备他不先请示就杀人，是先斩后奏，但李膺据理力争，桓帝知道了张朔罪
行，也就不好再追问什么了。从此张让心中充满了对李膺的仇恨。由于李
膺、陈蕃等的执政清廉，积极打击宦官，所以太学生都把他们当作榜样。

延熹九年（166年），河内的一个叫张成的方士，占卜朝廷要大赦，

于是纵容儿子杀害自己的仇人。李膺当时为河南尹，接案后即派人捉拿凶手，不料其子得到宽恕而被免责，李膺了解到真相后非常气愤，查实后立即处置了张成之子。张成素来与宦官之间的交往密切，于是在宦官的指使之下，张成让弟子牢脩向桓帝诬告李膺和太学生、名士之间往来频繁，结成朋党，败坏朝纲，诽谤朝廷。桓帝看到牢脩的上书后很气愤，糊里糊涂地下令在全国范围内逮捕党人，将李膺等人关进黄门北寺狱。这件案子涉及到太仆杜密、御史中丞陈翔和范滂等200多人，天下很多有名望的贤士也因党人案件牵连被捕。陈蕃也因上书力谏而遭免官。这就是历史上第一次"党锢之祸"。

在狱中的党人受尽酷刑的折磨，他们的头颈、手、脚都上了刑具，然后被蒙住头一个个拷打，在狱中关押了一年多。永康元年（167年），窦皇后的父亲窦武上书请求释放党人。同时，李膺也在狱中故意招了一些宦官的子弟，反咬一口说他们也是党人。宦官这才有些担心了，他们以"天时不正常，应该大赦天下"来哄骗桓帝。同年六月初八日，桓帝下诏改元，大赦天下。200多名党人全部释放归乡，但名字被记在三府，禁锢终身，一辈子再也不许为官。

遇到昏君与奸佞小人当道，那些忠贞之士也只能空有报国之志，一不小心甚至会身毁家亡。由此可知，刘氏家族的百年江山在桓帝的手下已不可守了。

6. 桓帝三后：梁氏灭窦氏兴

权力必须保持一种平衡，才能形成良好的秩序。当家族内部各
种势力的争斗难分高下的时候，如何保持这种平衡？选择一个让双
方都可以接受的人来继承权力，这样，原来各方的利益在短时间内
就不会发生变化，从而也避免了更大的冲突，保证了家族的团结，
也维护了各方的利益。

汉桓帝因娶了梁太后的亲妹梁莹，才得以被立为帝。他登上帝位之
后，梁氏顺理成章地成为皇后。姐妹二人，一个是太后，一个是皇后。梁
皇后依仗着姐姐与哥哥的势力，穷奢极欲，仪服宫殿都超过前代任何一位
皇后。不仅如此，梁莹还是个妒忌心极强的女人，她极力限制桓帝宠幸其
他嫔妃，不仅如此，她侍奉桓帝多年也没有子嗣，这就更加深了她对其
他嫔妃的嫉恨。嫔妃如有妊娠的迹象，都难逃她的毒手，必置之死地而
后快。

桓帝虽身为天子，但外戚势大。心中即使不平，也不能对梁氏表现出
这份不满，只能渐渐疏远梁皇后。在梁太后病故后，他便摆脱了梁皇后，
转而宠幸后宫其他女子，这使梁皇后愤恨交加，终于在延熹二年（159
年）病死了。

邓皇后是桓帝继梁皇后之后的第二位皇后。可是，这位邓皇后却因争
风吃醋而不得善终。桓帝亲政后把数以千计的美女收到后宫，邓皇后处处
干预桓帝宠幸后宫妃嫔。桓帝对此很生气，梁皇后在世时非常专横，加上

有梁太后和梁将军的势力，桓帝不敢轻举妄动，而邓皇后没有梁皇后那样的强大后台，桓帝也就不再以为意。延熹八年（165年），因邓皇后与郭贵人争风吃醋，桓帝将邓皇后废掉，令她忧愤而终。

汉桓帝的第三个皇后是窦妙，她的先祖就是汉和帝时期飞扬跋扈的外戚窦宪，窦妙的父亲窦武为官比较清廉。延熹八年（165年）秋天，窦妙初选入掖庭即被封为贵人，地位仅居皇后之下。她一入宫就成为贵人，很显然是政治斗争的结果。

邓皇后被废半年多后，皇后之位一直虚位以待。文武百官都希望将有利于自己的人推上皇后的宝座。为此，后宫内外免不了一场异常激烈的明争暗斗。窦妙不仅出身名门大族，而且才貌双全，更重要的是其父窦武有着很好的口碑。所以，在激烈的斗争推动之下，窦妙得以平步青云。窦贵人虽然在很多人眼中是合适的皇后人选，但汉桓帝并不以为然。在梁氏专政时期，桓帝忍气吞声够了。那一段经历，使他憎恶所有权势显赫的大族。于是，他决定要立自己宠爱的采女田圣为皇后，他的决定在朝廷上引起了轩然大波，大臣们纷纷上书劝阻，在这种极大的阻力之下，汉桓帝终于同意立窦妙为皇后。

立了窦皇后，汉桓帝便晋升窦武为越骑校尉，并封他为槐里侯，随即又升迁为城门校尉。面对加官进爵，窦武却声称自己身体不好，很坚决地予以推辞。成为后父之后，窦武更加紧了对宗族、宾客、仆人的管束，让他们都规规矩矩，不得干违法的事。

永康元年（167年）十二月二十八日，汉桓帝刘志死，窦太后临朝执政。桓帝荒淫了一辈子，却没留下一男半女。窦太后在大臣的建议之下，选择河间王刘开的曾孙刘宏继位，因为桓帝便来自河间，刘宏即汉灵帝。

第十八章 玩乐天子 灵帝刘宏

汉灵帝刘宏，东汉第十一代皇帝，章帝玄孙解渎亭侯刘苌（刘苌与桓帝为堂兄弟）之子，母亲董氏。他于建宁元年（168年）12岁时被拥立为帝，在位22年。谥号"孝灵皇帝"。汉灵帝刘宏由一个皇族旁支已经落魄了的亭侯子弟，摇身一变而为万乘之尊是幸运的。同时，他登上皇位又是不幸的。汉桓帝留下的是一个千疮百孔的国家。宦官跃跃欲试地觊觎着皇权，外戚虎视眈眈地准备统理朝政，遍野的饥民之声，士人的不平之鸣，奏响了一曲末世哀歌的前奏。

1. 少年天子：身陷外戚与宦官之争

皇帝年龄的幼小，促成了外戚和宦官权力的争斗。这样的事在各个朝代都有，但汉朝尤甚，最后竟发展成为皇权的外落，这不能不说是汉代的悲哀！

汉灵帝即位时还是个不谙世事的少年，对于属于政治势力范围的宦官集团与士大夫集团的斗争，他当然会感到茫然。东汉王朝自和帝刘肇登基以后，多出幼年及少年天子，这些年幼的天子当然不会懂得如何去管理朝政大事，这就给了那些皇族外戚与内廷宦官以可乘之机，他们之间为执掌国政而不断地进行斗争，胜利的一方即代替皇帝行天子权限，汉灵帝朝这种斗争的趋势更加激烈。

汉灵帝建宁元年（168年），以窦太后、窦武为首的外戚集团与以曹节、王甫为首的宦官集团爆发了斗争。由于灵帝年幼，朝中便由窦太后执政，她当然不会亏待窦门子弟。经过论功册封之后，她的父亲窦武被封为闻喜侯，窦太后的兄弟窦机被封为渭阳侯，位拜侍中；窦武哥哥之子窦绍为都侯，迁步兵校尉，窦靖为西乡侯，位拜侍中，掌管羽林左骑。这样一来，窦氏家族一时之间权倾朝野内外，显贵异常。窦太后临朝执政后，又起用了陈蕃，使陈蕃被拉拢进了窦氏家族。窦武与陈蕃又起用了在"党锢之祸"中受害的李膺、杜密、尹勋、刘瑜等人，这些大臣又出现在朝堂之上，参与政事，使许多士人看到了一些为汉室效忠的希望。

宦官曹节在灵帝即位后被封为长安乡侯，他不甘心受到压制，千方百计地通过后宫关系向窦太后大献殷勤，以此取得了窦太后的信任。但曹节毕竟是宦官，他这样做，引起了陈蕃与窦武的担忧。于是，他们密谋除掉曹节，窦太后却拿不定主意。陈、窦二人不得已采取了武力消灭宦官集团的计划，但却事先被宦官得知，从而激起了一场宫廷事变。永康元年九月初七，宦官们把灵帝骗出宫后，关闭宫门，他们逼迫尚书起草诏令，任命宦官头目王甫为黄门令，又胁迫窦太后，夺取了玉玺，后派人去逮捕窦武等人。窦武当然不肯受诏，他与侄儿窦绍边战边退至军中，召集数千人镇守都亭。陈蕃一听说发生变乱，立刻带领属下官员及太学生80多人，手持兵器冲入承明门，与王甫的兵士遭遇。结果，陈蕃被逮捕后送往北寺狱，后被宦官折磨而死。窦武与窦绍的兵力较弱，被重重包围之后，二人不得已自杀身亡。窦家宗亲以及姻亲甚至宾客等，被宦官抓到的都被杀害了，以前经陈蕃、窦武举荐之人遭免官并永不录用。窦太后见大势已去，忧愤而死。

宦官们对窦氏家族积怨已久，他们用一个非常简陋的车装着太后的尸体，随便放置于城南一所宅院之中。曹节、王甫准备以贵人的礼节将太后随便发丧了事，结果没有得到灵帝的认可。曹节等人又想把太后独自葬于别处，不与桓帝合葬。灵帝一时也拿不定主意，于是诏令公卿会议讨论。会上，曹节、王甫强调"窦氏罪恶"，朝臣互相观望，都不愿意先说话。最后，卫尉陈球说："皇太后以盛德良家母临天下，它配先帝，是无所疑。"太尉李咸也表示支持。李咸上疏认为"后尊号在身，亲尝称制，且援立圣明，光隆皇药"，甚至说："太后以陛下为子，陛下岂得不以太后为母！"这句话使灵帝最终支持了朝臣主张的太后与桓帝"合葬宣陵"的意见。

从"太后葬礼"都要拿到公卿会议上讨论一事，可以看出灵帝的昏庸无能，此后外戚与宦官的较量也告一段落。从此，宦官更加骄横霸道，直到中平六年（189年）灵帝死时，朝政都在宦官势力的控制之下。

2. 再起党锢祸：天子无为，十常侍弄权

窦氏外戚失势后，由于汉灵帝的无能，最后他只能成为一个傀儡皇帝，而真正的权力却落在了宦官的手中。

汉灵帝的皇位来得有点意外，因桓帝无子，他才得以刘姓族人的身份荣登宝座。自登基之日起，他的心里就笼罩着一个可怕的阴影，随着危机四伏的宫廷生活的继续，他心里的惧怕程度越来越重。他异常敏感，极其脆弱，总是担心有人图谋社稷，觊觎王位，侵夺皇权，就像他突然得到皇位那样，又在突然间丧失皇位。灵帝身边的宦官们非常清楚地掌握了灵帝的心理状态，他们利用灵帝的这种心理为自己制造有利的形势，不断地营造出"谋反""叛逆"的假象来吓唬灵帝。

李膺等人在第一次党锢之祸发生后，虽然被罢官并终身禁官，但天下士大夫都一致推崇他们的操守而抨击朝廷，还给他们取了许多赞美的称号：称窦武、陈蕃、刘淑为"三君"，君是指一代之典范；称李膺、苟翌、杜密等人为"八俊"，俊是指为人之英杰；称郭泰、范滂、尹勋等人为"八顾"，顾是指能以自己的德行引导别人；称张俭、翟超等人为"八及"，及是指能引导别人追求典范；称度尚、张邈等人为"八厨"，厨是指能施财物救人危困。窦氏外戚被诛除以后，党人清廉自守，在社会上威望极高，他们为陈蕃、窦武申冤，攻击时政，自然涉及宦官的切身利益，因此，遭到了宦官的嫉恨。宦官们每拟诏书，总是重申"党人之禁"。

中常侍侯览对张俭尤其怨恨，他的老乡朱并是个奸邪小人，时为张俭

所唾弃，侯览便投意他诬陷张俭。朱并上书诬告张俭与同乡24人互相别署称号，结成朋党，图谋社稷，而以张俭为领袖，灵帝于是诏令收捕张俭。

永康二年，宦官曹节指使人奏请"诸勾党者故司空虞放及李膺、杜密、朱字、荀翌、翟超、刘儒、范滂等，请下州郡考治"。年少无知的灵帝竟问他："什么是勾党？"曹节答道："勾党就是党人。"灵帝又问："党人做了什么恶而要杀他们？"曹节回答道："他们相互勾结，图谋不轨。"灵帝问："他们想做什么不轨的事呢？"曹节又答道："想要夺权窃国。"一听勾党之人要窃国，灵帝马上奏准了曹节的奏请，曹节乘机捕杀虞放、李膺、杜密、范滂等百余人，妻子皆徙边。此外，借机报私怨和地方官滥捕牵连，以致死徒、废禁者又有六七百人。嘉平元年（172年），宦官又指使司隶校尉捕党人和太学诸生千余人。嘉平五年进一步下诏州郡，凡党人门生、故吏、父子兄弟及族亲，都被免官禁锢。直到光和二年，武都郡上禄县长和海上书言党锢之弊，党人的禁锢才被解除。这就是历史上第二次"党锢之祸"。至此，贤能忠义进步势力遭到彻底打击，宦官们消灭了敌对的政治力量，地位得到了提高，更加深了灵帝对他们的依赖。

宦官张让因除掉窦武、陈蕃之功，由小黄门升为中常侍。中常侍是宦官中权势最大的职位，负责管理皇帝文件和代表皇帝发表诏书，是皇帝最亲近之人。汉朝初年，中常侍没有固定的编制，惯例是设4人，每人年俸一千石。灵帝却将编制增加到12人之多，他们是：张让、赵忠、夏恽、郭胜、孙璋、毕岚、栗嵩、段珪、高望、张恭、韩悝、宋典。以张让、赵忠为首，这些常侍都贵盛无比，分封为侯，并与时任大长秋和领尚书令的大宦官曹节、任黄门令的大宦官王甫互为表里，把持朝政，行凶作恶。灵帝光和四年（181年），曹节死后赵忠以中常侍代领大长秋，张让也成为"监奴典任家事"的宫廷总管。此时，张、赵二人的权势达到了顶峰。他们的父兄子弟也沾光被放到各地做大官。当时人们把张让、赵忠为首的12中常侍专权称作"十常侍"。昏庸的汉灵帝曾对人说："张常侍（张让）是我父，赵常侍（赵忠）是我母。"堂堂天子居然如此称呼家奴，不能不说是千古笑柄。

宦官们通过掌控灵帝，利用皇权铲除了能与他们的势力直接抗衡的力量，宦官专权由此达到了历史的顶峰。身体上的残缺和社会的鄙视，使得宦官们具有卑劣的人格和极强的报复心理，他们是一个十分腐朽的政治集团，由这个集团所掌控的皇帝来操持朝政，总揽大权，社会的极端黑暗是不言而喻的。在政治上，宦官们挟主专权，在全国范围内实行独裁统治，人们对他们只要稍有不满，就惨遭诬告与陷害，要么流放禁锢，要么被罢官、投向大牢，或遭到杀身灭族之祸。在经济上，宦官们兼并土地，恨不得包揽天下所有的良田，将它们尽数占为己有，其巧取豪夺的行径与强盗并无不同。在生活上，宦官们更是腐化糜烂，挥金如土，并带领着灵帝也如此。宦官们的无耻作为，使东汉王朝迅速沉沦下去了。

3. 西苑卖官：君主爱财，取之无道

君子爱财，取之有道。无论是在虚拟社会还是在现实社会中，这都是人们应该自觉遵守的原则。而灵帝作为刘氏统治天下的一位统治者，却是一位取之无道、贪婪奢靡的君主，致使刘家江山危在旦夕。

汉灵帝在以张让为首的宦官集团的带动之下，大肆玩乐。宦官集团不仅为了保住自己的地位和政治上的利益而实行黑暗统治，而且贪得无厌，他们派自己的父兄、子弟、姻亲、宾客、心腹到各州郡县为官，侵掠百姓，施尽各种敛财手段，积聚了大批财产。为了保证向外搜刮的畅通无阻且名正言顺，他们以皇权为庇护，献媚灵帝就是他们的拿手好戏。在宦官的带领之下，光和四年（181年），灵帝于西园及后宫设置市肆，命令后宫采女扮成客舍主人。在后宫的市肆中，灵帝令采女们贩卖、行窃，双方争斗，灵帝以此饮宴观赏来取乐，直把皇宫内闹得乌烟瘴气。

实质上灵帝对权力的兴趣并不大，他最感兴趣的是钱。灵帝刘宏虽为皇室宗亲，但因刘氏分支众多，只有少数贵盛，其余都式微了。灵帝父亲位列侯位，与大富大贵的当朝权贵相比，家境当然只能算是一般，母亲董氏，一向嗜财如命，看到别人暴富红了眼，恨不能把别人的家产全都抢过来据为己有。刘宏在母亲的感染之下，对金钱、财产有着极大的占有欲，连做梦都想着能捡到钱。刘宏做了皇帝之后，"普天之下，莫非王土"，然而他却不相信全天下的财富都是他的。他视财如命，却不放心把聚敛来的钱放在宫中，于是，又派人在西苑建造万金堂，将所收的钱币缯帛藏于其中。不过他还是觉得应当像作侯爵时那样置点田地买些房产才算保险，于是就拿出一部分，派人回到河间老家购买良田，营造宅第。又将剩下的钱财分别寄存在宦官的家里，一家存上几千万。以张让、赵忠为首的宦官集团也是欲壑无限，肆意敛财，这与灵帝的私欲不谋而合。于是张让、赵忠宦官集团便投灵帝所好，为灵帝广事聚敛，自己也乘机巧取豪夺。

宦官暗中卖官爵始于汉桓帝之时，当时是为了弥补宫廷财政匮乏的局面，还情有可原。但光和六年（183年），灵帝在张让的怂恿之下，公开在西苑设立官爵买卖所，却是为了聚积钱财。他们根据官爵大小高低及做官以后能得到油水的肥瘦分等收钱；求官的人可以估价出钱，出价最高的人就可以中标上任；可以现金交易，也可以赊欠，到任后再加倍偿还。到了中平二年（185年），朝廷公卿和地方刺史、太守，以致三公，都可以用钱买了。灵帝还采纳了张让的建议，除了在西苑开设官爵买卖场所之外，官吏的调迁、晋升或新官上任都必须支付1/3至1/4的官位标价，也就是说，官员上任要先支付相当于他25年以上的合法收入。许多官吏都因无法交纳如此高额的做官费，而吓得"弃官而走"。当时有钱者之所以买官，就是因为有了官位就可以敲诈勒索百姓，就可以不择手段地疯狂收回买官时的"投资"，甚至是一本万利。

灵帝设立西苑卖官制度后，改变了汉代以征辟的方式提拔官吏的制度。以往地方向上级每年推荐数名贤士，再通过考核选出其中合格的人向上一级推荐，审核官吏的权力主要控制在官僚手中，所以形成了官僚集团。自从官位可以用金钱买到后，许多腰缠万贯的地方豪强都做了大官，原来可以通过征辟入仕的读书人，则因没钱买官而失去了做官的机会。所以，灵帝的卖官制度使本来已经很尖锐的宦官与官僚集团矛盾进一步激化了。官吏以重金买得官职后，一上任便急于想方设法以各种名目侵夺财富，搜刮民脂民膏，以捞回本钱，并不能为人民办一点实事，因此，又激起了民愤。宦官弄权放纵，皇帝荒淫无道，官僚地主贪婪奢靡，使原本就十分尖锐的阶级矛盾达到白热化，终于引发了一场轰轰烈烈的农民大起义——黄巾起义，它使汉室江山摇摇欲坠。

4. 灵帝憾事：后宫三丽人

后宫诸人为了维护自己的利益乃至家族的利益，不惜采取极端手段，你争我夺，因此如何对待后宫之事也是皇帝能力的一种表现，但灵帝在处理中却留下了遗憾。

灵帝于建宁四年（171年）立宋贵人为皇后。宋皇后是扶风平陵人，出身不算特别显贵，却也够得上是皇亲国戚。汉章帝时宋氏家族的两姐妹便同时被选入宫廷，而且被封为贵人，大宋贵人还生了皇子刘庆，曾被立为太子，后被废为清河王，宋皇后正是两姊妹的曾孙女辈。宋氏聪慧美丽，深知宫中勾心斗角、相互倾轧的险恶生活，因而待人接物小心谨慎，唯恐出错而遭到不幸。俗语说"是福不是祸，是祸躲不过"，渤海王刘悝的妃子是宋皇后的姑姑，宦官中常侍王甫与刘悝有过节，总想找机会进行报复。宋皇后初立时由于灵帝的宠爱，王甫没有对她怎样，后来何氏进宫，灵帝渐渐疏远了宋皇后，王甫感到时机成熟了就诬陷刘悝谋反，灵帝听信了他的话，将刘悝逼死。王甫为免遭宋皇后将来对自己进行报复，索性一不做二不休，又于光和元年指使人诬告宋皇后利用"巫蛊之术"惑乱后宫，诅咒皇帝。灵帝非常愤怒，联想到刘悝谋反一事，即下诏废黜宋皇后，并诛杀了宋皇后的父亲及兄弟，把她的其他亲属流放。宋皇后无辜遭废，亲人又被连累，不久便忧愤而死。昏庸的汉灵帝有时也会百思不解：堂叔刘悝从没有犯过什么错误，他是桓帝的同母之弟，又怎么会谋反呢？宋皇后与自己共承天下，母仪天下，怎么会诅咒自己呢？虽然这样想，但灵帝还是没有走出宦官们为他制造的阴影，到死也没有对刘悝及宋皇后的冤案进行平反安抚。

宋皇后含冤而死后，灵帝并没有立后之意，但朝臣却认为国有君却无母，应尽早确立，以告天下。当时，南阳屠夫何真之女何氏召选入宫，因其美丽，正得灵帝之宠爱。若按照汉习俗及"采女制"，何氏低贱的屠夫家庭出身是没有资格入选宫廷的，但当时的腐败现象严重，她的父亲"用金帛"贿赂宫中采选人员，何氏才得以入选。何氏入宫便得到了灵帝的宠幸。嘉平五年（176年），何氏为灵帝生下了皇子刘辩，因灵帝以前的几位嫔妃、贵人所生的孩子大都夭折，刘辩可以说是灵帝的第一个儿子。灵帝因刘辩的出生而欣喜若狂，何氏因此被封为贵人。光和三年（180年），灵帝又在权臣的主张下进一步册封何贵人为皇后。

何氏由一介平民摇身一变而为后宫之主，使她产生了一种极为狂妄的不良心态。被册封皇后以后，何氏骄横之心迅速膨胀，她欲专宠后宫，对灵帝的其他嫔妃又狠又防又嫉妒。灵帝的又一爱妃王美人生下了皇子刘协之后，何氏的这种心理达到顶峰——她派人毒死了王美人。此事件之后，由于宦官的苦苦哀求，何氏保住了皇后的凤冠，但也永远失去了灵帝的恩宠而苟活。

王美人是赵国人，其祖父王苞是东汉王朝的五官中将。王美人的出现给灵帝奢靡的后宫生活带来了一阵清爽。她艳丽的容颜更胜何皇后，她具有美善的品行、大家闺秀的贤淑，才华横溢的灵秀之气，这种气质是灵帝的其他嫔妃无法相比的。但王美人得宠之时，何氏已立为皇后，何氏生性嫉妒，骄纵专横，恨透了王美人。王美人怀孕后，她担心因此而遭何氏的毒手，自己的性命受到威胁，同时也会给自己腹中的孩子带来不幸，就想方设法打掉胎儿，但却没有成功。光和四年（181年）三月，天意使得王美人生下一位皇子，即刘协。刘协的出生使何皇后不仅担心自己的地位，而且担心以后儿子的地位，因此产生了更大的恐慌，便毫不顾忌地鸩杀了王美人。事情很快被灵帝查明了，但何皇后这个杀人凶手没被废除，王美人却永居九泉之下。

　　灵帝每见到皇子刘协，常常会思念起善解人意的王美人，以致临死之前，他还企图违背"嫡长制"欲立刘协为帝。灵帝将立刘协的愿望嘱托给大权在握的臣子蹇硕，足见他对王美人的情意。

　　帝王后宫中的斗争之险恶，有时连皇帝本人也无法主宰，嫔妃们为了自己的利益乃至自己家族的利益，不惜铤而走险，采取极端手段，为达目的而你争我夺。可见，能够处理好后宫之事，也是一位皇帝能力的表现，显然，灵帝是一个失败无能的人。

5.新君之位：无奈嫡长制

继承人的选择对一个家族、一个国家来说都是至关重要的，它关乎社稷的稳定、家族的兴衰。而在封建社会"家天下"的时代，家族的利益要高于国家的利益，为了保证权力的一脉传承，统治者们的选择范围是狭小的，能力是次要的，血缘才是最重要的决定因素。

汉灵帝因对何皇后产生了憎恶，便不想立刘辩为太子，批评他"无威仪，不可为人主"。因王美人所生刘协酷似自己，又对美人有不尽的思念之情，于是，欲立刘协为皇位继承人。按照嫡长制，灵帝又担心宦官、外戚、朝臣不同意他的做法。从各个政治集团的利益上，从维护传统上，外戚、官僚与宦官三方的态度都要立刘辩为太子。灵帝无奈，却一直不死心，在临死之前把刘协托付给自己的心腹蹇硕，让他寻找机会拥立刘协为帝。

汉灵帝末期由于世运不济，刘氏政权岌岌可危，灵帝因此亲手组建了一个以"西苑八校尉"为核心的卫戍部队，小黄门蹇硕为上军校尉，统帅这支部队，蹇硕素有"壮健而有武略"之称。尽管从表面上看，蹇硕的权力很大，但实际上不过是一个低级的军官而已，只是借灵帝的威力发号施令罢了。蹇硕与何皇后之间的矛盾由来已久，他深知何皇后的哥哥何进手中握着兵权，灵帝之托很难实现；加上在嫡长制的制度之下，刘辩是长子，是皇位的合法继承人，而现在要他废嫡立庶，是有违常理的，更加有了难度。为达目的，就必须先诛杀兵权在握的何进，蹇硕决定先下手为强，诛杀何进。

中平六年（189年），灵帝驾崩。蹇硕在停放灵帝灵柩的大殿四周密布了伏兵，欲待何进入大殿叩拜时乘机动手将其杀死。然而，蹇硕的计划却被何进得知了，何进立即部署反扑，并通报了何太后。何太后得知后，与何进一起拥兵入宫，升朝议政，宣布14岁的皇长子刘辩为皇帝，是为汉少帝（史称废帝）。何皇后以太后身份临朝，何进与太傅袁隗辅政，负责军国事务。蹇硕一计不成又施一计，他想到与宦官联合，商议一起捕杀何进，不巧机密再一次泄漏，何进命黄门令将蹇硕拿下并处死。

何进除掉了心腹大患，以皇帝舅舅的身份辅政，并且拉拢了"累世宠贵，海内所归"的袁绍、袁术二人，其权力日益膨胀。何进横行朝野，大臣们心中十分不平。灵帝之母董太后也愤恨不已，便发誓除掉何氏一党。何太后却先发制人，她与何进一起设毒计除掉了董太后。刘协原在董太后的保护之下生活，这样一来他的性命已十分危险。

被何进拉拢的袁绍见蹇硕、董太后虽除，但宫内宦官的势力仍然强大，就向何进献计希望尽除宦官，但何进及何太后却不赞同。袁绍几次进言都没得到同意，于是他私自行事，假托何进之命密谋诛杀宦官。袁绍的行动引起了张让等人的恐慌，他们得知袁绍与何氏正在密谋诛杀宦官之事，于是发动宫廷政变，杀死了何进。何进部将吴臣、张章得知何进被杀，急忙调集军队包围了皇宫；中郎将袁术也率兵攻打宫殿，放火烧了南宫九龙门及东西宫，逼迫宫中交人。张让等人慌忙去见何太后，只说何进谋反焚宫，却没说他已死。何太后惊慌失措，被张让等人挟着与少帝刘辩、陈留王刘协一起，逃入北宫。

这时，袁绍等带人冲入宫中，他命令军士见宦官就杀，但却不见张让、段佳二人。原来，他们携少帝兄弟已出北门，夜走小平津，逃到了黄河岸边。被何进的同党追上后，张、段二人自知难免一死，转身投入了滚滚东去的黄河之中。

这场外戚与宦官的火拼，两败俱伤，刘氏政权实际上也就随之灭亡了。

第十九章　玩偶皇帝　献帝刘协

东汉最后一位皇帝是献帝刘协。汉献帝年仅9岁被拥立为皇帝，在位时间长达31年之久，但他的皇帝生涯自始至终都在扮演着大臣们手中的玩偶角色，最终刘家的江山被曹丕篡取。此后刘协以"山阳公"自处，54岁终老山阳（今陕西省商洛市山阳县），葬禅陵。

1. 幼立长废：权臣的翻云覆雨手

刘协历经千险，在没有任何庇护下登上了皇帝的宝座，却是在权臣之间随波逐流，苟且偷生，扮演着一个玩偶角色。

中平六年（189年）灵帝驾崩，灵帝死前将自己所钟爱的幼子王美人所生的刘协托付给心腹蹇硕，让他抓住机会拥立刘协为天子，可惜蹇硕事败为何进所杀。刘协当时的庇护人董太后也因与何太后在把持朝政的问题上产生了矛盾，为何氏所害。眼看性命岌岌可危，一场变故却挽救了多灾多难的刘协，并使他历经重重大难后戏剧性地登上了皇位。刘协的皇帝位置没能在蹇硕的帮助下争取到，却在外戚与宦官之争的意外宫廷政变中，唾手得来了。

在外戚何进与宦官张让的火并事件中，董卓带兵进入了洛阳。董卓这个人成长于桓帝末年，他当时任军中司马，因征讨并州立功被封为郎中，他将赏赐分给部下，得到了部下的爱戴。黄巾起义爆发后，董卓随左中郎将皇甫嵩领兵击退了围攻长安的凉州军韩遂、马腾。此后，汉灵帝担心董卓拥兵自重，几次调动他的兵权，但董卓始终不肯交出，无奈之下灵帝只得顺水推舟委任他作河东太守。于是，董卓屯兵于河东，以静观朝野变化。董卓是奉何进之召前来宫中的，他看到何进的信感到自己终于有机会了。宫廷政变时董卓已逼近洛阳，他听说少帝在北芒，就与大臣们一同前往奉迎少帝，少帝刘辩见有大军来，吓得失声痛哭。董卓上前参见时，刘辩已吓得语无伦次了。董卓只好与时为陈留王的刘协交谈，详细问起政变之事，刘协不慌不乱，从始至终详细作答。董卓以此认为刘协贤能，并且刘协是董太后养大，董卓认为自己与董太后同族，于是心生了废少帝、立陈留王为帝的念头。

董卓因救驾之功而自居，他蛮横地对文武百官说："这个皇上没有能力，不可以奉承宗庙，做统治天下的君主。我想效仿伊尹、霍光之举，改立陈留王为皇帝，大家认为怎样？"官员都十分惶恐，没有人敢回答。唯有尚书卢植认为此事不妥。董卓甚为气愤，第二天又集群臣于大殿，威胁何太后下诏废黜少帝刘辩，何太后无奈只好下诏书说："皇帝的仪表缺少帝王应有的威严，而且在为先帝守丧期间，未能尽到做儿子的孝道，如今让他做弘农王，改立陈留王刘协为一国之君。"于是扶刘辩下殿，向坐在北面的刘协称臣。何太后哽咽流涕，朝臣则心中悲伤，却没有一个人敢说什么。就这样，刘协即了皇位，年号初平，是为汉献帝，董卓自己则当了相国。

献帝刘协在没有任何庇护的情况下，做了皇帝，当时只有九岁，一个九岁的孩童怎能预料未来会发生什么事呢？他只有随波逐流罢了。此后，献帝刘协凭借着自己可怜的智慧与挟持他的各色人等进行了无力的反抗，但这在那些久经政坛的军阀眼里只能算是孩童的游戏罢了！无奈的献帝只能辗转于各个权臣之间，苟且偷生，天子的尊严所剩无几。

2. 受制董卓：傀儡皇帝无可奈何

献帝刘协虽贵为天子，却无权执政，面对天下兴衰，只能做一个名副其实的幌子，任由臣子摆布。

刘协当上皇帝后，并没有机会行使天子的大权，董卓入主洛阳后便意欲大权独揽。但他的人马只有不过三千步骑，仅仅是城中的袁绍、袁术统领的官兵的十分之一，实在是少得可怜。董卓善诈，便弄了一个小把戏来迷惑人们。每当夜深之时，董卓便把人马偷偷带出城去，到了第二天清晨，却明目张胆、大张旗鼓地让这支人马开进城来。这样反复数次进出之后，洛阳的军民也搞不清董卓到底调来了多少兵马。不久，董卓又接连收编了原来何进及执金吾丁原的士卒，并把丁原手下的骁勇之将吕布收作义子，从此兵力强大，洛阳城完全在其控制之下了。

董卓拥立献帝之后，自封为太尉，不久，又戴上相国、太师的桂冠，位居三公之上。董卓极其傲慢，他上朝不趋，并可佩剑上殿，文武百官言语行为稍有不顺即被他处死。由此可见董卓的位尊权重。董卓原本就是个残忍的家伙，一朝大权在握，便纵容手下官兵残杀洛阳城里无辜的老百姓，他的士卒，闯进私宅，奸淫妇女，掳掠财物，其倒行逆施造成洛阳城的混乱状态。朝中一些有见识的官员，包括典军校尉曹操在内，都先后离开了洛阳朝廷，另有图谋。

此时，各地枭雄讨伐董卓之声纷纷响起。董卓担心废帝（也就是弘农王刘辩）活着，会给其他不同意他拥立献帝的那些人留下一线复辟的希望，使他们讨伐自己师出有名，便决意置刘辩于死地。董卓派人给刘辩送去毒酒，刘辩只能任人宰割，他悲愤地饮下毒酒，结束了18岁的生命。

董卓在朝廷内外充溢的讨伐声中，也有些惧怕，决定挟持献帝迁都长安，可怜的献帝只能离开洛阳宫中随董卓前往长安。到长安以后，董卓仍不改其嗜杀成性、疯狂掠夺的作风，在距长安260里处的郿县修筑了一座被称为"万岁坞"的高墙大院，挑选一千多美女陪住其中，积聚了无数的奇珍异宝，可供30年吃的粮食，准备以此雄踞天下，终老。

董卓自知多行不义，树敌很多，积怨过深，不得人心，也时刻警惕防范着身边的人，他的义子吕布因武力超群而成为董卓的贴身保镖，经常跟随在他的身边，反对他的人都很难有机会下手除掉他。初平三年（192年），司徒王允借用美人计离间了董卓与吕布的义父子关系，吕布杀掉了董卓，董卓灭族。董卓之死，真是大快人心，兵士们高呼万岁，大街小巷，老百姓载歌载舞，长安城中一片欢呼雀跃、饮酒相庆。

献帝因董卓而登基，其间并无实权，只能做一些对董卓利益无扰的事情。兴平元年（194年），关中地区旱灾严重，献帝让侍御史侯汶开仓接济灾民，但仍然有那么多饿死的人。献帝虽年幼，仍意识到可能是侯汶克扣，经查验证实了侯汶假公济私的情况，于是献帝下诏杖责侯汶，从而使饥民切实得到赈济，为百姓做了一点好事。

没有董卓，献帝不能成为皇帝，有了董卓他却空有皇帝之名。董卓控制了他这个天子，使他成为董卓给朝臣及诸侯看的一个招牌。献帝想重振祖业，却连起码的尊严也无法保障。看来，刘氏的辉煌已经一去不复返了。

3. 军阀之争：身世浮沉雨打萍

才出狼窝，又入虎穴，汉献帝的日子何其苦矣。

汉献帝在董卓手里是个名副其实的傀儡。袁绍因董卓拥立献帝而与其反目成仇，关中十八路诸侯联合打起反抗董卓的旗号。董卓也懒得利用献帝，因为他没有扑灭群雄的野心，在这种情况下，献帝虽然处境艰难，却还没有沦落到被人当工具的程度。但因董卓是个不守礼法的人，献帝也十分担心他哪一天会不高兴便杀掉自己，在董卓的淫威下，献帝噤若寒蝉。这时，各地豪强地主以袁绍为盟主，围攻洛阳讨伐董卓，废帝刘辩已为董卓所杀，对于献帝来说诸侯们推翻董卓是件好事。献帝无时无刻不在想办法挣脱董卓的魔掌，并希望借助诸侯军阀的势力将其消灭。

司徒王允指使吕布刺杀董卓后，本来是献帝登上政治舞台的一次极好机会，而朝政大权又由王、吕两个人把持着，唯一不同的是，献帝可以过几天安稳日子了。王允虽然是位忠义正直的臣子，但他在董卓亡后，对余部的处理缺乏合理的判断。他没有及时分化董卓的残部，瓦解官军从而稳定民心，却不断扩大打击面，株连很广。老百姓纷纷传言王允准备杀尽凉州（即董卓部下）人，形势一下子在王允的重压之下发生了极大变化。

凉州人李傕、郭汜等都是董卓的部将，董卓死后，他们派人到朝廷请求给予赦免，但缺乏政治眼光的王允未能同意。在迫不得已的情况之下，李、郭二人率军向长安城进发。他们收拾董卓残兵达10多万人，于初平三年（192年）五月将长安包围起来，由于长安城内吕布的坚守，李、郭与之相持8天攻不下城。后因吕布之兵发生内乱，李、郭之兵才得以攻进城中。李傕、郭汜联军的凶残比起董卓真是有过之而无不及，王允被杀，吕布率残部投奔袁术。献帝落入李傕、郭汜之手，晋升李傕为车骑校尉，郭汜为后将军，两人共掌朝政。李、郭二人动不动就威胁献帝要割掉他的脑袋，可怜的献帝终日食不知味，夜不能眠。兴平元年（194年），献帝行加冕礼，改年号为兴平。

次年即兴平二年（195年），李傕、郭汜二人又因相互猜忌而最终兵刃相见。李傕派人胁迫汉献帝出宫，暂时取得了主动权。接着，他纵兵入宫大肆烧杀抢劫，宫阙被焚烧殆尽。献帝无奈派大臣到郭汜营中调和，郭汜嚣张地扣留了几位大臣。此时，献帝不过是李、郭争斗的一种工具罢了。后来，献帝在董承等大臣的保护下逃离李傕、郭汜两路人马的追堵。经过千辛万苦，于当年十二月逃到了安邑，兴平三年（196年）七月回到了故都洛阳。洛阳城在经过董卓之兵的毁灭、破坏之后，人丁稀少，只剩断瓦残垣，一片荒凉，满目疮痍。

献帝在李、郭之争中，处境最为悲惨。他不仅在政治上成为了李、郭争斗的工具，在生活上更是凄惨到有时连饮食都难以供应。虽贵为天子，却沦落到如此田地，辗转流徙于豪强军阀之间，生命都难以保证，献帝再也无心去实现他的任何政治理想和恢复刘家祖业的心志了。

4. 被禁曹操：天子还是政治工具

对于一个沦落惨败的统治者来说，又成为统治的工具，应该是不幸中的大幸，起码物质得到满足，精神上得到尊重。是天子、还是政治工具，已经不重要了。

献帝于兴平元年（194年）夏，李催、郭汜发生火并，辗转东迁洛阳旧都之后，随着军阀混战局面的形成，他的政治作用也越来越突显出来。还都之后，朝廷百官甚至没有居住之处，粮食少之又少，有的官员饿死在断垣残壁之间。当时各州郡首领均拥兵自重，没有人来洛阳过问皇帝的艰难处境。

此时，兖州刺史曹操却及时来朝见献帝了。曹操曾经参加过镇压黄巾起义之事，因功升为济南相。后来汉灵帝设置西苑八校尉，曹操当了八校尉之一的典军校尉，成为皇帝核心武装的将校之一。但不久后灵帝死去，废帝刘辩即位，何太后临朝掌权，东汉政府长期存在的宦官与外戚的斗争尖锐起来，政局十分混乱。董卓以武力废掉刘辩，立刘协为献帝，自封相国，把持朝政，并纵兵洗劫洛阳。曹操亲历这场变故，也亲眼目睹了董卓之祸，他对此十分不满，拒绝了董卓的封官诱惑，逃离洛阳，在陈留招募兵马，与关东各地军阀一起联合起来反对董卓。董卓之乱后，东汉王朝名存实亡，失去了对各地州郡的控制。各地军阀割据称雄，各霸一方，造成了大分裂的局面。公元192年，青州的黄巾军攻入兖州（今山东西南部和河南东部一带），杀了刺史刘岱。兖州的官吏请曹操担任兖州刺史。曹操遂集中兵力打败了黄巾军，得降兵30万之众。他从这些兵士中挑选出青壮年，充实和扩大自己的队伍，组成了有名的"青州兵"。从此，曹操在兖州有了立足点。

得知献帝逃离李、郭二人之手，回到洛阳后，曹操的一位谋士对他说："如今天下四分五裂，皇帝流亡在外，奉行仁义的军队会很容易地取得胜利；拥有丰富的财源，才能巩固自己的地位。应该尊奉天子，用朝廷的名义向那些叛逆之臣发号施令；发展农业和桑蚕业，以积蓄军用。这样，将会成就霸业。"此言深得曹操之意。曹操采纳了他的建议，于建安元年（196年）秋，亲自到洛阳朝见献帝。献帝在这种情况之下，备感欣慰。曹操见洛阳残破，城中无粮，便要将献帝迎到许昌（今河南许昌东）。汉献帝和大臣听说到了许昌就有粮食，都盼望着早点迁都。就在当年八月，曹操把汉献帝迎到了许昌，许昌成了东汉临时的都城，也叫做许都。许昌是曹操的地盘，从此，曹操牢牢控制了东汉政府，开始了他"挟天子以令诸侯"的政治活动。

献帝得到了物质上的保障与曹操的尊重。与他在董卓及李、崔二人控制之下的形势不同，曹操表面上对他还是礼遇的。献帝迁都许昌后，任命曹操为大将军。曹操具有了杀违犯军令者的权力，有了总统内外诸军的权力，总之是总揽朝政，大权在握。后来，曹操因表面上拉拢袁绍而辞去了大将军之职，改任司空，但是天子在许昌，曹操高出所有文臣武将的地位可想而知。

汉献帝在许都过着衣食无忧、无所事事的天子生活。但他有时也会感到一种无形的压力，因为曹操在不断地诛除公卿大臣，不断地集军政大权于己身。曹操将皇宫侍卫都换成了自己的亲信，他先是打击了最有影响力的三公，罢免了太尉杨彪、司空张喜；然后诛杀了议郎赵彦；接着又发兵征讨杨泰，解除近兵之忧；最后是一方面以太子名义谴责袁绍，打击他的嚣张气焰，另一方面又将大将军之职让给袁绍，以稳定大局。献帝与臣子们被隔绝起来，忠于刘氏江山的朝臣们被杀，曹操的专权行为，引起了汉献帝和一些朝臣的极大不满。

献帝在曹操的控制下生活着。这时中原地区的袁绍和曹操两大势力正进行着频繁的政治和军事斗争，孙策占据了江东、刘表占据了荆州、刘璋割据益州、凉州被韩遂和马腾占有、公孙度盘踞辽东。曹操"挟天子以令诸侯"的伎俩被各军阀看穿之后，军阀斗争越演越烈，刘家江山已摇摇欲坠。

5. 衣带诏：无谓的反抗

兴亡谁人定，胜败岂无凭，历史的演变，总有其规律，在被囚禁的情况下做一些内部策略，只能是一些无谓的反抗。

曹操将献帝控制在许都之后，对如何消灭各地军阀，尤其是与自己势力相当的军阀袁绍，是很讲究策略的。起初，他拉拢袁绍，避免与他过早地交锋，先打击其他较弱的势力。曹操从陈留起兵到进入兖州，只用了两年的时间，就形成了一个强大的割据力量；又经过了三四个年头的艰苦战斗，先后打败了进犯兖州的淮南军阀袁术和徐州的陶谦、吕布，巩固了兖州，扩大了地盘。一些地方豪强如李通、任峻、许褚、吕虔、李典释也先后率领宗族、家兵前来追随曹操，使曹操的势力更加强大，敢与称雄北方的袁绍分庭抗衡了。曹操受封大将军，掌握朝政，"挟天子以令诸侯"，不久因怕迎奉汉献帝会激怒袁绍，曹操又把大将军之位让给袁绍，自降为司空，对袁绍仍持低姿态。一系列的事实证明曹操的策略是成功的。建安五年（200年）曹操在官渡之战中，以少胜多击败了袁绍大军，得到了北方大片土地。此后曹操相继占领北方州郡，到建安十二年（207年），降服乌桓，统一了北方。

汉献帝被曹操禁于许都之后，也不是无所作为。他见曹操有集权于一身的趋势，就企图削弱他的权力，又准备找机会除掉曹操，以恢复自己的皇权。他便用鲜血写成了一封诏书，秘密地藏在衣带之中，这便是"衣带诏"。献帝把它赐给密臣董承，让他与刘备等人密谋诛杀曹操。然而，献帝试图收回皇权与对命运抗争的这种积极努力却不幸地失败了。建安五年（200年），密谋被泄露，除刘备已借故出走幸免于难之外，董承等主要参与的大臣都被曹操问斩，并处诛灭族人。献帝的董贵人是董承的女儿，当时已有身孕，献帝求曹操放过她，最终却未能幸免。

献帝的伏皇后见董贵人之死，内心极为不安，于是写信给其父伏完，历数曹操的罪状，请求他尽早寻找机会除掉曹操。曹操得知后勃然大怒，进宫胁迫献帝废去伏皇后。献帝犹豫不忍，曹操便霸道地让尚书令华歆起草废后诏书，逼着献帝盖印。伏皇后得诏书后正想搬出后宫，忽然华歆又带人来搜捕她。伏皇后吓得躲进宫中的夹墙里，被华歆发现。华歆揪住伏皇后的头发，将她拖到外殿。献帝正在外殿坐着，看到自己的皇后披头散发，光着双脚，情形十分悲惨，情不自禁地泪流满面。华歆将伏皇后拉走，致使伏皇后最终幽闭而死。随后，伏皇后生的两个儿子都被曹操毒死，伏氏家族受株连被处死的有100多人。汉献帝眼睁睁地看着自己妻离子散，却无力保护他们，大受刺激，痛苦时时折磨着他的心。同时，他也明白，更大的变故还在后面等着自己。建安二十年（215年）正月，曹操立他的第二个女儿曹节为献帝的皇后。

汉献帝实际上没有做过一天真正的天子。初登大宝，就被董卓把持朝政；董卓之后的李、郭二人又将献帝作为他们争夺的战利品；逃回洛阳，又落入曹操之手而移驾许昌，成了曹操"挟天子以令诸侯"的工具。恐怕曹操一旦发现这个天子已无足轻重，就不会再需要这个"傀儡皇帝"了吧？

6. 禅位曹丕：刘家江山终易姓

　　汉献帝一生生活在傀儡的影子下，最终还要背负败落刘氏家族江山的骂名，哀其之大不幸！

　　曹操于建安十八年（213年）被汉献帝封为魏公，同时，加"九锡"：御用大车和兵车各一辆，各配有四匹黑色雄马驾车；龙袍、冠冕并配上红色的礼鞋；诸侯享用的三面悬挂的乐器和三十六个人演出的方阵舞；住宅的大门可以漆成红色；登堂的台阶可以修在檐下；虎贲卫士三百人；象征权威的兵器斧、钺各一柄；朱红色的弓一把，朱红色的箭一百支，黑色的弓十把，黑色的箭一千支；祭神用的美酒一罐，并配有玉圭和玉勺。"九锡"是古代天子的待遇，可见曹操已经在为取代大汉王朝而作精心的政治安排了。献帝明白，曹氏代汉自立为帝的日子一天天逼近。这年七月，曹操的魏国开始建立祭祀土神与谷神的社稷坛和曹氏祖先的宗庙。建安十九年（214年）三月，献帝颁布诏书指出魏公曹操地位在诸侯王之上，改授金制印玺、帝王和诸侯专用的红色绶带，以及诸侯王专用的远游冠。

　　建安二十五年（220年），曹操病死，献帝十分高兴，以为曹操一死，自己便可亲政，于是改建安二十五年为延康元年。当然，这只是献帝幼稚的幻想而已。曹操死后不久，他的儿子曹丕就命手下的人捏造出种种祥瑞，说汉室气数已尽，必将被魏国代替。并且还命华歆等人到许都胁迫献帝让位给他。华歆起草好了献帝退位的诏书，逼迫献帝颁布，献帝只有认命，派御史大夫张音将诏书送给曹丕。曹丕得到诏书，心中大喜，但却故意不肯接受，上表献帝作出推辞的姿态，如此反复之后，华歆等人致书劝曹丕登临大宝，又胁迫献帝交出了传国玉玺。可怜的献帝没有一个自己的亲信及相当的势力范围，只得任由他人摆布，即使他一再努力，也没能保住刘家已徒有虚名的江山。

献帝于公元220年10月告祭祖庙后，禅位给曹丕，他的禅让标志着汉朝400余年命运的终结。曹丕在繁阳亭登上受禅坛，接受玉玺，即皇帝位，随即进入许都，改延康元年为黄初元年，国号魏，追尊曹操为武皇帝，庙号太祖。将献帝废为山阳公，曹皇后为山阳公夫人，搬出宫外，却仍以汉天子之礼看待。做了大半辈子傀儡皇帝的刘协，终于告别了他的玩偶生涯。十四年之后，魏青龙二年（234年），献帝抑郁而终，享年54岁。葬于禅陵，谥号献皇帝。

综观历史，汉献帝刘协的一生可以说是傀儡的一生，他历尽磨难，饱受人格的凌辱，任人摆布，毫无君主之尊严。与历代帝王比较而言，他的命运是凄惨的。然而，他最终还要背负刘氏江山败落在他手中的骂名，真是大不幸矣！